找回你的内在小孩

[美]杰里·伯格 著　王小亮 译

湖南文艺出版社　博集天卷

·长沙·

只 为 优 质 阅 读

好
读

Goodreads

谨以此书

献给我的父母、我童年家园的创造者

理查德和玛丽·安

致谢

  非常感谢所有参与本书所述研究的朋友,特别是接受我们访谈的几十名男士与女士,感谢他们开诚布公地分享了自己的经历。为了保护他们的隐私,我已将他们的名字做了处理。不过我也尽我所能,尽可能准确地理解并重述了他们的故事。如果没有我的两名研究助理琳达·卡斯特罗(Linda Castro)和吉娅·维塔雷利(Gia Vitarelli)的辛勤奉献,这些访谈和分析将难以完成,对她们的贡献我深表感谢。最后,感谢鼓励我继续做这个研究项目的朋友和同事,他们对家和处所的许多观察都体现在了本书中。

目录

Contents

第一章　回家　| 001

第二章　家园依恋理论　| 027

第三章　儿童的世界　| 059

第四章　存在之地　| 077

第五章　成长之地　| 115

第六章　治愈之地　| 139

第七章　无处如家　| 159

第八章　更大的视角　| 177

推荐阅读　| 196

我已经离家多年，
此刻，站在门前，
不敢推门，唯恐见到
一张陌生的脸

与我茫然对视，
问我为何来此。
为何来此？只为人生未尽之事：
是否仍旧栖身于此？

——艾米莉·狄更生[1]

---

[1] 艾米莉·狄更生（Emily Dickinson，1830—1886），美国传奇女诗人，被誉为美国20世纪新诗的先驱。

第一章

回家

三个人,三个故事

不论是在别人看来,还是在她自己眼中,劳拉都是一个快乐自得的人。她结婚三十年,婚姻稳固、家庭幸福;她的三个孩子都已度过青春期,上完大学,正处在成家立业的阶段。可以说,五十四岁的劳拉几乎已经按部就班地达成了人生中的绝大多数目标。她享受工作,在她所在的教堂里也担任着重要的角色,偶尔还参与社区活动,没有什么值得抱怨的重大健康问题,也没有什么足以改变人生的悲惨经历。一天,她在壁橱深处发现了一盒旧照片。她一边整理,一边一张张地翻看那些童年时的照片。在其中一张照片里,有个巨大的前廊,她和家人曾在那里度过了许多个夏夜。另一张照片中的旧秋千已经很难辨认,尽管那秋千曾给画面中的景色增色不少。她翻过一张张照片,看见了父母、兄弟姐妹和邻居们曾经的面庞。多年未见的名字、欢笑的记忆和尴尬的时刻一起浮现在她的脑海里。此后的几周,照片中的画面不断地在她的脑海中闪现。劳拉想起了她成长的街区,想起了小学时她最喜欢的老师,还想起了卧室窗外的景色。在想起这些故人故地的同时,她还感受到了一种从未感受过的空虚。这并不是什么乡愁,也不单单是怀旧。慢慢地,劳拉明白了问题的所在:她已经不再能感受到自己与旧照片里那个孩子的联结。尽管她知道那个穿着一身过时衣服、满脸笑容的女孩也是她自己,但不知为何,曾经的她和现在的她之间的联结已经消失。

刚过四十四岁的布拉德感觉自己对生活的不满与日俱增。他的工作一天比一天乏味,毫无意义。他和妻子的争吵也比以前更加频繁。他们最小的孩子在今年年初刚搬了出去,整个房子显得空落落的。有太多个夜晚,他都呆滞地盯着电视,想借酒消愁却仍感空虚寂寞。朋友们都说他这就是患上了"空巢综合征",或者说是典型的"男性更年期",他们安慰他说这一切都会过去,但这种感觉并没有消失。最终,布拉德意识到,他必须在生活中做出一些重大改变,首先肯定是工作,其次,也许还有与妻子的关系。但要变成什么样子呢?他并不清楚。唯一可以确定的是,他感觉漂浮不定,没有根基,感知不到自己是谁,也不知道应该去哪里。

安妮十七岁离家,之后就再没回去过。她的父母酗酒,很少向她表达爱意。父亲去世后,她还受到了来自母亲的难以言说的身心虐待。等到终于长到足够大的时候,安妮离开了这个位于中西部的小镇,前往西海岸读书。最终,她有了自己的事业,结婚,离婚,再婚,并在离开后的二十年里尽己所能地将她的童年生活从记忆中抹去。安妮从未试图联系母亲,也尽可能不去谈论自己的过去,甚至对她的丈夫也是如此。但她从未完全成功地逃避过去。那些早年的画面总是时不时地闯入她的思绪，闯入她夜晚的梦中。安妮深受抑郁症之苦，她自己都不知道是怎么回事。随着岁月的流逝，她越来越清晰地感觉到，自己的生活中似乎缺少了些什么。直到有一天，她的兄弟打电话告诉她，母亲过世了，她这才明白，自己再也不能逃避过去了。

尽管在很多方面都不相同，但对自己到底要怎么做，劳拉、布拉德和安妮还是得出了相似的结论。他们三个人不约而同地觉得自己需要与一些重要的东西重新建立联结。他们想要与曾经的自己重新建立联结，与曾经学到的价值观和经验教训重新建立联结，并且如果有可能的话，与如今的自己也重新建立联结。因此，他们决定采取类似的行动。

他们要回家了。

移动中的美国

在美国，每七个人中就有一个在过去一年内搬过家，每一百个人中只有不到十个人还住在他们三十年前住的地方。这种流动性在年轻人当中尤其普遍，因为他们会离开父母家，去上大学，并去另一个城市找工作。相比东部居民，南部和西部各州的居民搬家更加频繁。超过五分之一的内华达州居民在过去一年中搬过家。但即使是在全美移动性最小的纽约州，每年也有十分之一的人搬家。

这些统计数据告诉我们,很少有人在成年后仍与他们童年时期所处的环境保持着物理上的联系。年轻夫妇在家乡定居,一直住在同一所房屋中,节假日,家庭成员都在那里相聚,最后孙辈们也去那里拜访,这样的情况相比之下只是少数。事实上,很少有成年后的美国人还会一直住在他们长大的地方。我们大多数人都居住在不同的城市,常常还是不同的州,就连居住在不同国家的人也变得越来越多。

尽管我们可能已不再生活在我们所成长的地方,但在大多数情况下,那个地方还是会一直存在的。童年时的住所也可能依然矗立,只不过现在住的是别人。学校很可能也还在,邻居的家、树林、公园和公共游泳池,这些可能都还在。我经常听到人们表达一种托马斯·沃尔夫[1]在他的小说标题中所体现出的情感,那就是:《再也回不去从前》(*You Can't Go Home Again*)。如果他们这么说的意思是我们永远不可能变回孩子,我们曾经认识的那个世界已经不存在,故人故地也已发生变化,那他们说的是对的;但如果人们这么说只是为了表明回到童年时的家园没有任何好处,或者只是为了说明我们最好把过去抛在脑后,只专注于现在,那他们可就错了。

有数百万美国人都曾重返他们的童年家园。他们回去就是为了看看那些构成他们童年图景的建筑和自然景观。很多人选择独自回

---

[1] 托马斯·沃尔夫(Thomas Clayton Wolfe,1900—1938),20世纪美国作家,代表作有长篇小说《天使,望故乡》。

去,但也有相当多的人会带上家人,包括伴侣。有些人在计划了很多年以后才开启重返家园的旅行,另一些人则是心血来潮,想到了就出发了。这十多年来,为了更好地理解大家重返旧居的经历,我调查走访了数百人,并将收集到的大部分故事都收录在了本书中。有些人觉得这样的旅行充满欢乐;有些人则觉得整个过程十分痛苦;还有些人并不确定这趟旅行对自己的人生是否有帮助,但几乎所有人都庆幸自己去了。大多数人都希望将来有一天还能再来一次。不过也有人说他们在这趟旅行中已经实现了自己所有的愿望。

我这里所说的"重返",指的并不是回去拜访旧日亲友,尽管在我的受访者中有相当多的人确实抽出时间去见了过去的熟人,包括朋友。事实上,我更感兴趣的是那些为了看看曾经生活过的地方而专门回去的人。我访谈过的那些人都想要去参观他们童年时待过的地方,包括楼房、商店、游乐场和学校。事实上,许多人都极力避免遇到他们曾经认识的人,因为他们的目标是与只有那个地方才能提供的某种东西建立联结。

当然,他们曾经居住过的建筑——以前的旧居——仍然是他们旅行中的重点。一个令我感到惊讶的发现就是——有相当多的人会敲开旧居的房门,询问现任房主,他们是否可以进去看看。而无一例外,他们都获得了现任房主的同意并被邀请进了屋。想象一下,堪萨斯州威奇托的一名女士某天打开房门,发现杰克·尼科尔森、沃伦·比蒂和安妮特·贝宁正站在她家门廊前。这三位明星在横穿美国的飞行中短暂停留,安妮特·贝宁认为能去看看她成长时住的家会是个不错的主意。于是明星们被邀请进屋，停留了四十五分钟。巧的是，几年后杰克·尼科尔森就在电影《关于施密特》中扮演了新近退休的鳏夫沃伦·施密特一角。这个角色当时正在努力解决萦绕在他心头的问题：自己的人生到底取得了怎样的成就？于是他决定去拜访过往人生中具有重要意义的地方。这趟旅行的头几站就有他童年时的家，而在到达后他发现，那里已经变成了一家轮胎店。

联结我们的过去

渴望与过去保持联结，这既不奇怪，也非罕见。事实上，我们大多数人几乎每天都在用各种方式来满足这种渴望。很多人通过听年少时流行的音乐来保持这种联结。在我所居住的地方就有那种专门播放某个时期某类音乐的电台。有的电台播放二十世纪五六十年代的流行金曲；有的电台播放六十年代末七十年代初的经典摇滚；有的电台专门播放一九七〇至一九七九年录制的歌曲；有的电台则聚焦于八十年代的音乐。当然，我们喜欢某个特定时期的音乐，可能只是因为那时候我们花了太多的时间来听广播，已经习惯了那样的声音。不过音乐也确实有着某种强大的力量，能将我们带回它所代表的那个时代。

食物也能将我们与我们的过去联结在一起。夏日自制的冰激凌、秋日采摘的新鲜苹果、冬日里的热可可——这些通常会唤起我们对童年的美好回忆。你可能会发现，自己只是因为在杂货店偶然发现了那种多年没有品尝过的味道就又购买了某种糖果或软饮料。人们还会按照从父母那里学到的食谱烹饪菜肴，或外带与他们小时候喜欢的午餐相似的餐点，以此来与他们的过去保持联结。我认识的一位心理学家就曾告诉她的客户，下次如果又觉得情绪有点低落就可以试试来份冰激凌。因为她发现，冰激凌常常能帮她找回以前快乐时光中的那种安全感。

有些人在遇到某些特定天气时也会有类似的感受。一场夏日雷雨可以让一个旅居在外的爱荷华人想起她小时候所熟悉的那种美国中西部暴风雨。风、雪、雷、雾也会产生类似的效果。我就认识一个土生土长的芝加哥人，她现在居住在加利福尼亚州，几乎喜欢加利福尼亚州家里的一切——只有一个例外：她怀念四季分明的气候，尤其是从夏到秋的过渡。每年十月，她都会驱车前往附近的内华达山脉，去体验清新的晨风，让晨风明白无误地告诉她，秋天即将来临。

节日和特殊场合的习俗也为我们提供了通往童年时光的路径。这也解释了为什么新婚夫妇有时会在外人看来微不足道的事上意见不合。新娘的家人总是在平安夜拆礼物，而新郎的家人要一直等到圣诞节早上。新娘的家人会在感恩节中午聚餐，而新郎的家人要等到傍晚。相册和中学同学录也能让我们与我们的过去保持联系。同样，年代久远的家庭录像以及晚近一些的录像带和DVD（数字通用光盘）也为我们提供了与我们过去生活中重要时刻联结的途径。

故人重聚则是一种与过去联结的更加正式的方式。许多人每过十年都会回来看望中学同学。据说同学聚会有助于保持友谊。但如果这就是同学聚会的目的，那我们为什么要在每次重聚前等待这么长时间呢？也许，我们想与之保持联结的只是我们曾经熟悉的同学，而不是现在每过十年才见一面的那些老头、老太太吧。兄弟、姐妹、战友，甚至灾难幸存者的重聚也是同样的道理。这些群体的成员通过重聚来重温他们生命中的某个重要时刻——那种太过重要，不可能仅仅封存在记忆中的时刻。

简言之，我们会尽己所能地与故人故地保持联系。但时间是记忆无情的敌人，每年都会有更多的细节从我们的脑海中消失。朋友远走他乡，或者离别人世。人到中年，很多人都会开始产生一种感觉：生命中似乎缺少了什么。正如一名女士曾告诉我的那样："我知道我不仅仅是我所记得的那样。"另一名女士这么形容自己："空虚、不完整，好像有些特别重要的东西已经不在了。"一名男士说得更加直白："是时候去填补空白了。"

私人旅行

我对回访童年旧居的兴趣始于一次个人经历。在我四十岁生日前后的一两年里，一种微弱的感觉开始萦绕心头。起初的表现是，关于童年的想法会忽然闪现在我的脑海。偶遇的某人某地会让我忽然想起过去的某个人或某个地方。开车上班的路上，我会想起家乡那个曾伴我度过无数夏日傍晚的棒球场，或者父母家后面的那片田野——就实用意义而言，那里实际上是我们家后院的延伸。我会想知道和我一起上过学的那些孩子现在怎么样了，想知道我当年最喜欢的几个老师后来怎么样了。不久之后，我就越来越强烈地意识到，我想要重返那些我所记得的地方。一开始，我试图忽略这种冲动。毕竟，我的父母仍然住在我成长的那座房子里，而且我差不多一年就会回去一次。但随着时间流逝，我越来越确信，我真的很想再次返回那些构成了我童年生活背景的地方。

在妻子的小小催促下，我踏上了这个旅程。我花了三天时间在家乡四处游览，有时步行，有时骑车，有时开车，并带上了笔记本，一路记录下所有看似相关的事情。出发前，我就先把一些想去的地方写了下来，并在后来游历社区的过程中不断完善这张列表。我第一次学游泳的那个游泳池不见了，曾经的小联盟棒球场也有一半被铺上了柏油。但除此之外，我很高兴地发现，列表上几乎所有的地方都完好无损。

回去的路上，我很确信这趟旅行是来对了，但并不真的明白具体是因为什么。这种时候就该我的科学家本能出场了。其他人也会有这种重返旧居的冲动吗？还是说我的这种经历只是个例？这种人们选择重返的地方有没有什么共性？这种旅行是愉快的还是不愉快的？人们是否觉得自己来对了？最重要的是，如果人们会造访他们曾经称之为家的地方，那他们为什么要这么做呢？我需要一些数据。

访谈调查

我决定从一份简单的调查问卷开始,这份问卷被发放给几个社区的成年人。经过仔细斟酌措辞,我在调查问卷的开篇写道:

有些人提到,他们偶尔会产生一种强烈的欲望,想要回到过去的某个地方。通常情况下,这个地方就是他们在成长过程中生活过的房子,但有时也包括以前生活过的街区或学校。通常情况下,与人们所描述的这些地方相联系的并不是某段特定的记忆,而是大量相互关联的记忆集合。那些地方也并不是他们在童年时期只去过一两次的地方,而是在相当长一段时间里占据了他们生活的一大部分的地方。

我在问卷中询问调查对象,他们是否有过对访问某个地方的强烈渴望(而不仅仅是一时兴起),并且是否确实为了满足这种渴望而专门进行过这样的旅行。如果进行了这样的旅行,请他们描述下旅行的体验。

调查的结果出乎我的预料。排除掉那些明显不符合我的调查目标的人后,我的抽查样本中有百分之四十五的人说他们进行过这样的旅行。另有百分之十八的人表示,尽管实际上并没有访问过他们的旧居和所在街区,但他们确实有过我所描述的那种强烈欲望。显然,我的经历并不是个例。很多人——至少是在我的北加州样本中的很多人,都有过与我类似的经历。此外,他们的许多故事都非常引人入胜,有些故事触及内心深处,更有一些感人至深。

除了发现这种经历并不罕见之外,这项初步调查最引人注目的发现就是人们对重返地点的选择。绝大多数人选择了他们童年时期居住过的地方。更具体地说,几乎所有人都重访了他们小学时期(五至十二岁)的家。

自然,在做这项初步研究后我又进行了更多的调查。我围绕重返旧居的欲望询问了来自美国不同地区的人。但无论受访对象是谁,采用何种措辞,结果总是一样。重返儿时重要的处所这一现象并不罕见。相反,这似乎是一种相当普遍的经历,不过精确地给出一个数字确实有点困难。许多人会因为"恰好到了附近"而开车穿过他们以前居住的社区,或者在看望仍然居住在那里的父母时顺便参访旧居。根据几个数据来源的综合,在三十岁以上的成年美国人当中,约有三分之一的人曾专门出行重返他们小学时居住过的地方。

我也注意到,想要重返过往人生中某个故地,这种欲望背后的心理学机制尚不明确。我花了数小时翻阅图书馆索引,并与其他心理学家进行了数十次交流,最后发现没有人研究过——甚至都没有什么人意识到——这种相当常见的现象。因此,我决定和那些已经做过这种旅行的人进行深入交流。或许通过倾听他们的讲述,能让我更好地理解这种勾起我好奇心的行为背后的原因。我所访谈的第一批人都是通过当地报纸上的这个"豆腐块"广告找到我的——

课题研究样本招募

圣克拉拉大学心理学家招募课题访谈对象。要求：造访过他们曾经称之为家的地方。校内访谈酬劳：每小时二十五美元。

我的计划是，每周发布一次广告，直到找到二十个左右的受访者来进行访谈。结果呢，广告只发布了一次人数就够了。早上报纸一上架，我的电话就开始响个不停。不到两天时间，就有超过一百个人联系了我，他们想要谈论他们的经历。经过初步电话筛选，排除掉那些明显不符合我所寻找目标的人之后，我安排了几周时间来面谈。然后，我和我的两名研究助理就开始工作了。我们所访谈的人群年龄在二十一到七十九岁之间，平均年龄为四十九点七岁。令人惊讶的是，这次访谈的受访者中，男性和女性精确地各占一半。他们的职业五花八门，比如退休医生、在职牧师、作家或失业的无家可归者。有些人开启旅程重返的旧居远在关岛或者德国；有些人的旅程则只有几英里[1]；有些人在离家一年后就重返故地，不过等过了三十或四十年后才踏上回家的路也不是罕见的现象。其中一名男性在十一岁时离开俄勒冈州的波特兰，直到五十四年后退休时才回来。总体而言，在被某种感召召唤回旧居之前，我们的受访者离开旧居的平均时间是十八年。

开始采访后不久，我就意识到自己正在触及一种非常重要的心

---

1 英美制长度单位，1英里合1.6093公里。

理现象。几乎每个受访者在谈论他们以前的家和那次旅行时都表现出了丰富的情感。许多人在描述他们从旅程中获得的欢乐和满足感时都露出了微笑。也有些人变得悲伤，少数人表达了愤怒。几乎五分之一的人都哭了。

有几个人拒绝了我在访谈前所承诺的酬劳。相反，他们向我们表达了感谢，感谢我们给他们提供了一个谈论自己感受和经历的机会。许多人之前都以为自己对故居、街坊的思念是特别的，甚至可能会让人觉得奇怪。有几个人说他们从来没有告诉过别人他们的旅行。当我向他们解释说他们一点也不孤单时，他们感觉如释重负。

在我开始向朋友和同行描述我所进行的研究后，我再次看到了这项研究的力量。许多人都有自己的故事要讲，其中相当一部分人想参与到这项研究当中。当我在专业会议上展示我这项工作的成果时，我得到的认可和收获的问题比我在之前研究过的其他任何课题上的都要多。我在一堂课上第一次谈起这项研究时，一个学生突然就哭了。她后来解释说，她的祖父母正在考虑卖掉她住到长大的那座房子，而直到那一刻，她才意识到自己对那个地方有多么深厚的感情。

大多数情况下，我的受访者们都会在最终决定去旅行之前考虑相当长一段时间——有时甚至是几年。他们有时会将旅行与同学会或家庭聚会结合起来，但更常见的是，他们只是想要去看看那个地方。是什么吸引他们去参访一个多年未见的地方呢？他们需要的是什么？他们又希望找到什么？这些都是我试图回答的问题。为了找到答案，我首先从询问他们想到"家"这个概念时脑海中所浮现的地方开始。

我们称之为家的地方

　　一个美国人一生中平均会换十到十二个不同的住所，其中包括住宅、公寓、兵营或宿舍等。虽然其中一些住所是临时的，并且很容易被人忘记，但有一些住所还是会为我们留下特别的记忆。人们经常会充满爱意地回忆起他们租住的第一间公寓、与配偶共同生活的第一个家，或者他们的孩子迈出人生第一步的那座房子。但不管距离有多远，时间过去多久，大多数人都只会将其中一个地方认作他们真正的家。

　　那个地方在哪里？我们这样询问这项研究的所有受访者：在你们居住过的所有地方中，你认为哪个才是你们真正的家？有些人面对这个问题犹豫不决，但大多数人立刻就有了答案。几乎所有人在想到"家"这个概念时脑海中浮现出的都是他们童年时居住过的房子或公寓。更具体地说，是他们在小学的某个时期或整个小学期间称之为家的地方。当然，如果我们问那些从未重返过童年旧居的人，答案可能会很不一样。但就像我最初的调查所揭示的那样，人们对早年家园的独特感情是显而易见的。

　　从某种意义上而言，选择童年住所作为自己的家是有些奇怪的。有些受访者在那个童年时的房子或公寓里只住了一两年。在几乎所有案例中，人们在其他地方——通常是在另一个社区——生活居住的时间都要比其长得多。有些受访者在开始那趟重返童年家园的旅行前已经几十年都没有见过他们童年时的家了。不过对他们来说，家就是他们在那段至关重要的岁月里成长的地方。

但为什么就是那几年呢？我们的许多受访者对回答这个问题都有自己的答案。相当一部分人说，他们是在这段时期发展出了自我意识。实际上，在受访者中，有超过四分之一的人比我们更早地提到"成型期"这个概念。超过三分之一的人在这次访谈中反思了童年经历如何塑造了他们，决定了他们成为什么样的人，并决定了他们的生活轨迹。正如我们将在后续章节中所看到的，这些人本能地认识到了心理学家通过研究才发现的关系。儿童与他们所处的物理世界之间确实具有非常特别的关系。

经历

没有两个人的童年是相同的，受访者告诉我们的重返童年家园的故事也各不相同。尽管如此，有几个主题却经常出现，以至于我和我的研究助理们每次访谈时对此都有所期待。特别值得注意的，就是在重返旧居期间重燃的强烈记忆和情感，以及将内心中的童年图景与现实相比较时所产生的体验。

记忆与情感

无一例外，我们的受访者都谈到了他们看到老房子、学校和操场时所涌现出的记忆。这些记忆通常与他们生活中的戏剧性事件或转折点并无关联。站在路上，你更可能回想起的是邻居家的孩子们在车来车往的街头打棒球的情景；你看到一个街角杂货店，想起的则可能是因为用午餐钱买糖果而惹上麻烦的时候。

重返以前上过的小学尤其有助于唤起记忆。我们的很多受访者都曾设法透过以前教室的窗户向内窥视。有几个人还发现门开着，并走进去。大多数情况下，随之而来的都是一阵记忆的洪流。一名四十岁左右的男士声称，他不仅能确切记起自己一年级时坐在教室的哪个位置，还对得上教室里其他同学的名字和座位。无论这些记忆是否准确，如果不是置身于几十年前就很熟悉的那些柜子、时钟和黑板之间，他应该不太可能回想起这么多细节。

气味和声音也能触发记忆。有名男士就在闻到已经有二十多年没有闻过的某种树的花香时，回想起了在后院烧烤时的情景。一名女士则在消磨童年夏日时光的海滩上对海浪拍打岩石的声音产生了反应。尽管成年后的她去过世界各地的许多海滩，但她的耳朵还是能识别出那个特定海滩所特有的声音。随之而来的就是曾经的夏日回忆。

我们的受访者中有很多人在被儿时的回忆包围时也会经历情绪上的波动。很多人都说，他们感觉到安全、放心。他们回忆起晚上裹在被子里的那种舒适感，或者在父亲宽阔的胸怀中所感受到的放松。不过，也有些人被唤起的回忆并不那么愉快。一名女士在重温童年的悲伤经历后几乎在回程的飞机上哭了一路。另一名女士描述说，沿着通往昔日家园的步道一步步前行，她的焦虑也在逐渐积累。少数情况下，情绪的冲击比受访者的预期还要强烈。一名男士发现，走进那所老房子让他感觉不堪重负。他回忆起了玩伴的嘲笑、母亲的嘲讽。原本计划在镇上待好几天，但最后他只待了两个小时就离开了。

相同与不同

我们访谈过的大部分人在开始旅行时都对将会发现什么有着明确的预期。许多人都抱着这种预期来比较他们返回的故地与他们认为自己所记得的那个地方。不出所料，受访者所报告的最常见的差异就是——一切好像都变小了好多。曾经高耸入云的滑梯、近乎广阔无边的游乐场，现在都变得渺小而平平无奇。宽阔的街道变窄了，广阔的湖泊变成了平静的小池塘，隔壁邻居的房子原来离得这么近，去杂货店的路走起来居然也没有那么长。

等到这种童年视角的滤镜被校正后，很多人就会发现，那些故地几乎与他们心目中的模板图景完美契合。"这简直令人难以置信，真是太不可思议了，这一切几乎什么都没变。"一名女士惊叹道，"我都不敢相信，这么多年过去了，篱笆、树，就连过去爬满房子侧墙的藤蔓看起来都还是那样，就好像时间被冻结了一样。"

发现儿时记忆中的那个地方依旧完好无缺总会给人一种非常满足的感觉。我们的受访者在发现一些小细节仍然保持原样时表现出了特别的喜悦。有名女士很高兴地发现，她家老房子门前的人行道上裂缝的图案与她记忆中的一模一样。一名男士也兴奋地说，那条下山老路曲折的走向依然和以前一样。我们访谈过的一名男士等了四十六年才回到他在夏威夷的老家。在那里，他发现很多地方都保持着几十年前他离开时的样子，但最让他高兴的是，小时候他经常摘的那些花现在仍在他以前那座房子外面的那个花园里茁壮生长。

不过，我们受访者中的大多数人也发现，他们回去的那个地方与记忆中的地方有所不同。毫无疑问，其中一些差异源自记忆的偏差。而另一些差异则源自一个简单的事实：改变无时无刻不在发生。受访者们发现，路旁竖起了栅栏，树木被砍倒，建筑物被涂上了不同的颜色。他们还发现，商店换了店主、街区变得萧条，或者空地被重新开发。几乎所有的案例中，我们的受访者都不高兴看到这些变化。即使承认那些变化是一种改善，他们也会感到些许不安，因为他们发现，童年的家园并没有被完整地保留下来。

一名女士和她的姐妹开车穿过她们的老街区时，发现童年居住的家门前挂着"此房出售"的牌子。姐妹俩联系了房产经纪人，装作潜在买家，以这个借口进了门，但眼前的景象让她们心痛。她们发现，房子里的一切几乎都认不出来了。在过去的二十年中，业主将这座宽阔的建筑用隔墙隔成了一系列公寓。她们心心念念的那个美丽的后院则被铺成了停车场。进门之前，姐妹俩还说要用同样的计策去看看她们住过的其他几座房子。但在这初次体验之后，她们决定还是不要再冒这个失望的风险了。

决定出发

那么这一切是如何开始的呢？为什么人们在离开多年后会突然决定，现在就是时候回去看看过去的家了呢？我们向受访者提出了这个问题。对许多人来说，一切都开始于一种对童年记忆日益关注的感觉。来自过去的画面不断地闪现在他们的思绪中，直到有一天他们决定踏上这个旅程。其他一些人则说，是某个特定事件触发了他们的决定，比如偶然翻到一本旧年鉴，或者注意到一次特别活动的纪念品。有时候，遇到一个以前的朋友或亲戚也会触发他们启程的愿望。一名男士就在他的儿子因商务出差开车穿过老街区并告诉他所见所闻之后决定进行这次旅行。还有一些受访者只是因为其他一些原因正好从附近路过了一下，匆匆一瞥引发的就是为了未来某日的行程制订更加详细的计划。对另一些人来说，重返童年家园的决定始于他们现实生活中遇到的问题或麻烦。正如第五章所描述的，人际关系问题或失业问题等有时会让人们踏上重返旧居的路。

虽然我们大部分的受访者都为了这次旅行计划了很长时间，但也有一些人出人意料地冲动。有几个人告诉我们，几乎就是在意识到想要回家的那一刻，他们就立刻开始打包行李，奔向汽车。那个听儿子讲述老街区见闻的男子就立刻打电话给航空公司订了票。几个小时后，他就坐上了从加州飞往纽约的飞机。他已经离家二十五年，而在那一刻来临之前，他从未考虑过要回去。

还有另一个极端，有一名受访者童年时的家也是他出生的地方。这名男士逐渐形成了一套生日仪式，他会在每年生日那天中午十二点四十准时回到那座房子，中午十二点四十正是他出生的时间。他从未问过现任房主自己是否可以进入。他只是把车停在街对面，看看这栋建筑和周围的环境。这么多年来，房子和周围的环境都有所改变，但变化并不大。接受访谈时，这名男士已经六十六岁了，而这套生日仪式也已坚持多年。

三个主要原因

人们可以有无数条理由来反对进行这样的旅行，而且那些理由往往还很充分。出行往往需要投入大量的时间和金钱。你又该如何向你的配偶和其他家人解释呢？你想去参观内布拉斯加州的一个农场小镇或者新英格兰的一座村庄，仅仅就是为了看看那里的建筑？尽管如此，还是有数百万人最终设法让旅行成行。这是为什么呢？

存在之地

人们返回童年家园最常见的原因就是想要与他们的过去建立心理联结，与曾经的自己建立心理联结。我们所有的受访者都以不同方式表达了他们与过去建立联结的需求，其中许多人更将此视为他们开启旅程的首要原因。许多人谈到他们的童年正在离他们远去。

其他人则只是觉得现在正好是去重温那些关于他们是谁、他们来自哪里的记忆的合适时机。有几个人似乎正在经历某种身份认同危机。但大多数人只是本能地认识到，他们能够从重温记忆中获得某种宝贵的东西，或者正如一名女士所说："让你的童年不要死去。"的确，有几个人告诉我们，在开启旅行前，他们的记忆是如此模糊，充满了各种空白，童年时的画面似乎都变得遥不可及，甚至显得不再真实。

与过去建立联系的愿望有时会跨越几代。回到儿时的家园常常会唤起人们对父母和祖父母的回忆，从而加强与祖辈的联结感。我们的很多受访者都会带上他们的配偶或子女一同前往。他们似乎觉得，通过参访以前的家、学校和邻近街区，其他家庭成员能够更好地理解那个曾在这些地方生活和玩耍过的人。

成长之地

返回童年家园的第二大常见原因与当事人当时的生活际遇息息相关。危机和抉择触发了一些受访者开启旅程。他们面临的问题包括人际关系、经济挫折、法律上的麻烦等等。其他一些人说，他们开启旅程主要是出于一般性的反思，或者说是重新评估自身的需要。这些男男女女想要弄清楚，他们的生活是否真的在按照他们所想的方式发展。一名女士在考虑是否要继续她的婚姻，而一名男士则是因为意识到他所拼命追求的职业晋升并没有为他带来他预期中的幸福和成就感。

为了帮助自己处理诸如此类的问题，这些受访者回到了他们价值观建立的地方，沉浸在他们生命中重要时期的记忆和情感中。有些人拜访了爱情曾经绽放之处，有些人站在某次对话发生的同一个地点重温重要时刻。每个案例中，这些个体都在寻找信息和内在的洞察，以帮助他们应对当前生活中所面临的问题。

治愈之地

人们回到童年家园的第三个原因是处理未尽之事。被归入这一类别的受访者在接受访谈时往往是最情绪化的。这些人中的大多数都没有幸福的童年，其中又有很多人的父母二人中至少有一个人酗酒。很多人谈到了心理和身体的虐待。几乎所有人都在很小的时候就离开了他们的童年家园，希望把问题留在身后。然而，心理学家总是发现，深层次的情感问题很少会自行消失。

这类受访者中的一些人参观了带有苦痛记忆的房子，有些人想象了他们几十年来一直避免面对的对话。有些人去了墓地，允许自己哀悼过早去世的父母。对这些人中的大多数人来说，回忆和面对不愉快的记忆只是解决他们多年来一直承受着的问题的第一步。

遥遥领先的诗人

从某种程度上说，心理学家对家园依恋这种情感的关注是如此之少真叫人惊讶。诗人、小说家和歌曲作者长期以来一直都很清楚家在心理学上的意义。亨利·戴维·梭罗曾反思道："只有旅行才能向我揭示家的价值。"玛雅·安吉罗[1]观察道："我们所有人都渴望有一个家。"马克·吐温也曾说过："我们的房子并非没有感情——它也有心有灵魂,有用来看的眼睛。"每到十二月,圣诞颂歌歌声中的"没有地方比家更适合假期""我要回家过圣诞"都表达了对家的珍视。听到我说起我的研究,人们常常会提起电影和小说中的角色回到童年家园的情节。我的名单上已经列出了几十个相关作品的标题。

简而言之,心理学家早就应该承认,人们对家有着非常真实且往往非常强烈的情感依恋。在下一章中,我会揭示这种依恋感背后的心理学原理。其后的一章将讨论孩子们与自己的家建立特殊联结的方式。之后的三章将分别探讨人们重返童年家园的那三个主要原因。随后的一章关注那些童年时期频繁搬家以至没有一个特别突出的童年家园的人的经历。最后一章,我会把本书中所涵盖的概念与一些更加宏大的心理学问题联系起来。

---

[1] 玛雅·安吉罗(Maya Angelou,1928—2014),美国黑人女作家、诗人、剧作家,当过编辑、演员、导演和教师。

第二章

家园依恋理论

我曾经问一个朋友，她对和丈夫新搬进去住的那座房子感觉如何。她那缺乏热情的回应让我感到惊讶，因为那座新房子实际上比他们之前租的房子更大、更新，位置也更好。"这座房子还不错。"她说。其实比"还不错"要不错得多，但很显然，她总感觉缺少些什么。短暂停顿后，她说："我觉得我和安德鲁需要在每个房间里都吵一架。"

后来我明白了，我朋友缺少的是那种与新房子的情感联结。从某种意义上讲，我们会与自己的家建立联结。正如与亲密朋友和浪漫伴侣建立情感纽带需要时间一样，对家的依恋也会随着我们在那些墙壁间的空间投入的时间和情感而逐渐积累。我朋友的新房子是个不错的住所，但在真正感觉那个地方像个家之前，她首先需要与丈夫争吵，需要装饰圣诞树，需要给婴儿房贴壁纸，需要在这座建筑内外日复一日地过她的生活。

本章，我会介绍人们与家建立情感联结（我更喜欢称之为家园依恋）的心理学原理。理解这种联结对理解人们为什么会重返旧居以及重返旧居后会做什么至关重要。

家对我们意味着什么?

尽管我们常常将这两个词混用,但很多观察者仍会区分"房子"(house)和"家"(home)。从心理学的角度来说,当我们对某个地方产生情感联结时,那座房子就变成了家。只要是居住的地方,都可以成为家。人们会对公寓、独栋住宅、联排公寓、寄宿家庭或者宿舍产生依恋。我们访谈过的一名女士曾在一座军营度过她童年的大部分时光。另一名女士长大的地方曾经是鸡舍。尽管她们的住所非同寻常,也远远称不上光鲜亮丽,但这两名女士都对她们童年的家产生了强烈的情感联结——这种联结强大到即使过了几十年仍然在召唤她们返回故地。

人们也常常将"家"和"家庭"(family)作为同义词来使用。当我们问朋友假期是否打算"回家"(going home)时,我们想知道的其实是他们是否打算去拜访自己的家人,无论那些家人现在居住在哪里。有时候,人们在与很久没有联系或者关系疏远的家人重新相聚时也会使用"回家"这个词。这也就是罗伯特·弗罗斯特[1]在他的诗中所表达的意思,他是这么写的:"家,是那个当你必须回去的时候一定会接纳你的地方。"然而,当我问受访者,在他们曾经居住的所有地方中,哪一个地方才是他们"真正"的家时,绝大

---

[1] 罗伯特·弗罗斯特(Robert Frost,1874—1963),20世纪最受欢迎的美国诗人之一。

多数人都选择了一个他们的家人早已搬离的地方。几乎所有人都认为，他们真正的家是童年时期住过的地方。因此，当我在这本书中提到"家"时，我所指的是那个物理空间，而不是住在那里的人。

处所依恋

在人类的所有特点中，与他人建立情感纽带的能力是其中突出的特点之一。婴儿几乎从出生那一刻起就开始与照顾他们的人形成依恋关系，而我们一生中都在不断发展和培养与我们最亲近的人之间的情感联结。当心理学家询问人们幸福感的来源时，毫不意外，与家人和朋友的亲密关系总是名列前茅。但我们建立情感联结的能力并不仅局限于与人类。追问之下，大多数人都会承认自己对某顶心爱的帽子、某只磨损的棒球手套、宠物、汽车、某件旧制服或者童年时期的某个毛绒动物玩具怀有特殊的感情。全美各地人家的衣橱和阁楼里都堆满了过时、幼稚或磨损到不能再用的物品——但这些物品太过珍贵，我们根本舍不得扔。

人们也会对不同的处所产生情感依恋。最明显的是，我们会对发生过重要事件的地点产生依恋。有些是与一次性事件相关联的地点：你在公园里向她求婚时坐过的那个长椅永远都是特别的，你带领高中篮球队赢得联赛冠军的那个篮球场也是一样。不过，就像我们对人的依恋一样，对地点的情感依恋通常也是在一个较长的时期内逐渐形成的。比如我们会对学校、宿舍、第一次居住的公寓、夏令营营地、最好的朋友的家、常去钓鱼的湖以及第一份工作所在的地方产生依恋。

当然，我们最可能感到依恋的地方还是我们的家。家总是我们花费最多时间的地方，也是我们大部分情感体验发生的地方。人们通常会在很多年后第一次重返童年家园时获得极具情绪化的体验。人们与曾经的家——尤其是童年家园相关联的情绪，是由几个心理过程共同塑造的，正是这些过程使我们与居住地的关系变得独特。

家园依恋

就算我曾对受访者们与受访者们的家园间所建立的情感联结有所怀疑，这种怀疑也在我开始研究后不久就完全消散了。根据我的受访者们的描述，他们在走进昔日的房间和花园时感受到了极大的欢乐。他们为发现树木和游乐设施依然如故而感到高兴，并且说自己重新感受到了童年时期所感受到的那种安全感和爱意。其他人则描述了痛苦的记忆，以及在看到过去的教室和以前朋友的家时重温到了那种耻辱感和遗憾。有几个人提到，当发现房子被翻新得面目全非，或者在极少数案例中房子已经不复存在时，他们感受到了沮丧。许多人都哭了起来。

怎么解释这些情感反应呢？像心理学家所研究的绝大多数事物一样，家园依恋也可以追溯到多种来源。其中有三种来源特别值得更仔细地讨论。首先，过去几十年的研究确凿地表明，我们的生物属性往往会影响我们的感受和行为。我们是进化史的产物，因此，对家的情感这样基本的感受就根植在我们的遗传基因中，这点我们无须惊讶。其次，人们对童年家园的依恋部分反映了环境条件的作用。换句话说，当我们返回故地时，感到快乐、悲伤、恐惧或满足，那是因为这些正是我们在那里居住时常有的情绪。第三，人们之所以会对他们的旧居产生情感依恋，是因为他们常常把那个家当作他们自我概念的延伸。换言之，我们曾经居住的地方变成了我们身份的一部分。

生物本能

我们无法逃避这样一个事实：我们都是生物体。进化心理学家认为，我们所以为的许多"人类本性"实际上都为我们这个物种提供了某种生存优势。比如，人类有社交需求，那是因为群居这种倾向能帮助我们的祖先生存。同样，有人也可能会主张，建立并维护一个基地的倾向会为我们的祖先提供一种进化上的优势。维持一个永久的家园能为他们提供免受捕食者或大自然危险侵袭的安全感。这样的家园还是一个家庭成员聚会、重组以及储存食物的好地方。

为了支持他们的假说，进化心理学家常常在动物行为和人类特性之间寻找相似之处。鲑鱼逆流而上产卵，燕子归来筑巢育雏，这些现象都表明，除了智人之外，其他物种也有某种类似家园的概念。动物研究者们特别指出，两种在低等动物中经常出现的现象与家园依恋在某些方面很相似。这两种现象通常被称为巢区和领地。

巢区

巢区指的是野生动物进行日常活动，例如觅食或寻找配偶时的一片相对局限的区域。换句话说，大多数动物并不是在漫无目的地漫游。相反，它们会认定一个在一定程度上将它们的家包裹在内的区域。研究人员在不同物种中都观察到了这种趋向，他们发现，每个动物个体都会划分出自己的特定活动范围。养猫的人就经常注意到，他们的宠物很快就会划分出一个范围有限的区域，并在这个区域内游荡。有一次我惊讶地发现，我家猫的巢区远比我想象的要大得多。一天，一名女士来访时认出了我的猫，她说这只猫是她所在街区的常客，而那个街区距离我家超过一英里。巢区可以随着时间的推移而增大或缩小，有时也会因季节而变化，并随着食物和水源的供应量而改变。

人类是否也有建立巢区的倾向呢？尽管在比较动物和人类之间的相似性时很容易"跑偏"，但我们还是可以提出一个论点。人类学家在观察像中非的俾格米人或者卡拉哈里[1]的亢人这种狩猎采集文化族群时描述了一种类似巢区行为的现象。一组研究人员查看了来自十五个此类文化的数据，并发现了存在三种旅居范围的证据。其中最小的一种范围通常是为了收集食物而旅居的区域，较大的范围包括访问朋友和亲戚的区域，最大的范围则涵盖了四处探索寻找稀有资源及配偶的行程范围。

当我们停下来思考自己每天的行动时，大多数人都会发现自己的活动范围也都限定在一个基本固定的区域内。我曾经把我一个月内所有的旅行路线都画了出来，然后惊讶地发现，我购物、娱乐、与朋友交往等大部分行程都局限在我居住的社区周边一个相对明确的区域内。我几乎不用花费什么力气就能在旧金山湾区地图上画出一个奇怪的几何形状，那片区域就类似我自己的巢区。同样，一些研究人员借鉴生物学家用来测量动物活动范围的地图绘制技术来测量儿童、青少年和成年人的活动范围。他们也发现，人们和动物一样，通常会将自己的行动限定在一个易于识别的、有限的区域内。

领地

动物在为食物、庇护所或配偶相互竞争时，时常会对一定物理范围内的资源"宣告"所有权，并采取行动捍卫这种权利。面对入侵者，它们会摆出威胁性姿态，如果入侵者还不离开，接下来就会

---

[1] 卡拉哈里，非洲南部内陆干燥区，也称作卡拉哈里盆地或卡拉哈里沙漠。

发生战斗。生物学家将这种行为称为领地性。单个的动物（通常是雄性动物）会为自己及配偶、子女划分一片领地，群居性动物也有保护群体领地的倾向。动物很少自愿放弃它们的领地，如果放弃，通常也是面对自己本物种中更强更有力量的成员。

与巢区的情况相似，我们在人类中也可以观察到一些与领地性类似的行为。人们常常会在家里或工作场所认定一片属于自己的地方，通常是他们所能控制的空间。比如，配偶可能会被要求不要弄乱"我的厨房"或"我的工作室"。一项关于日本家庭主妇的研究发现，至少有百分之八十四的人会在家里有一片她们感觉自己能控制的地方。百分之二十七的人说，家中有一片区域是专属于她们的。在办公室工作的人也会显示出领地性倾向，有时甚至是在没有正式分配给他们的区域。大多数人都会用照片、纪念品、名牌或其他个性化物品来装饰他们的桌子和办公室。他们会用文件柜和植物来阻挡别人过于深入他们的区域，有人未经许可使用他们的空间会让他们感到不安。行政助理们就会经常发出这种抱怨，对他们的上司不尊重他们个人空间的行为表示不满。

心理学家经常惊讶于人们能如此迅速地表现出对某个空间的所有权，无论这种所有权是多么短暂。只需几秒钟时间，我们就会觉得自己拥有队列中的位置、剧院里的座位，或者是树荫下的那个地方。一组研究者观察了司机退出停车位所需的时间。没有旁人等待时，十五名司机平均需要三十二秒离开他们的停车位。但是如果有另一些司机已经准备好接替他们的位置，他们就需要三十九秒才能离开停车位。后续的研究显示，如果等待在一旁的车辆鸣笛，司机离开停车位所需的时间还会变得更长（将近四十三秒）。显然，鸣笛让前一位司机感觉自己对该车位的所有权受到了直接挑战。最后，在等待的车辆更高级时，比如一辆崭新的雷克萨斯，男性（而不是女性）司机离开停车位的时间就会变短。最后我们这项发现与动物向同物种中更强有力的成员交出领地的行为类似。

作为一名大学教授，我也常常对学生对课桌的占有欲产生兴趣。通常，你在上课第一天坐的位置接下来整个学期都将会是你的。就算我只安排少数几个学生参加额外的课堂活动，他们每个人仍然会坐在自己之前的位置上，即使这意味着要与其他人间隔更远的距离。一个朋友曾经给了我一个与此相关的建议：注意你第一次与某人过夜时睡的位置。如果事情发展顺利，以后在这段关系中你就都要睡在床的那一边了。

家的普适性

几乎所有人都倾向于建立一个永久的家园，这更进一步证明了家园依恋的生物学基础。在整个有记录的历史中，世界各地的人们都倾向于生活在相对稳定的地点。即使是少数以游牧、旅居闻名的群体——主要集中在欧洲的罗姆人（吉卜赛人）和撒哈拉非洲的游牧部落——在进一步观察中也显示出了与其他族群一样的定居倾向。欧洲罗姆人的流动生活方式是由多种因素共同导致的，正是这些因素使他们无法建立永久的家园，包括：需要迁移的季节性工作、文化习俗、歧视以及历史上那些为了驱使罗姆人不断移动而采取的法律措施。实际上，当这些因素得到缓解时，罗姆人通常也会表现出希望定居下来的倾向。早在一八九三年，就有一项人口普查对超过三万六千名居住于斯洛伐克的罗姆人进行了调查，其中仅有百分之二的人被认定为游牧族群。即使是游牧族群在搬迁时，通常也会模仿以前住所的形制来安排新家。

解读生物学证据

那么，我们该如何看待进化论的论点呢？一方面，主张动物和人类行为之间的相似之处只是有趣巧合的说法似乎很有诱惑力。的确，如果有人主张人们保护自己的停车位与狮子保护狩猎场是出于相同的原因，那就是游走在科学的边缘。因为对几乎所有人类行为，都可以很容易地用适者生存的大原则创造出一个解释，科学家们通常都会认为这些观察结果缺乏证据。比如说，假如人们很少对自己的家园产生依恋，那么有人就可以主张说，不断地迁徙能够通过让我们的祖先接触到新的食物来源、找到躲避捕食者的新地方来为他们提供生存优势。

另一方面，否认生物学在家园依恋中所扮演的角色也是愚蠢的。就算承认生物学因素的作用也并不意味着要排除心理过程在其中的影响。例如，人类与他人建立联系确实可能是出自遗传的需求，但谁又会否认社会、文化和个性因素在这些关系发展过程中的影响呢？简而言之，与其将生物学因素视为家园依恋的主要因素，不如说它只是一个补充性因素。建立家园的内在欲望只是一个起点。我感兴趣的是那些建立在这种普遍趋势之上的心理学过程，以及这些过程如何促使如此多的人与他们曾经称之为家的地方发展出情感联结。

记忆与联想

我们对童年家园产生依恋的最明显原因可能与我们对任何一个地方产生积极或消极情感的原因是相同的：我们在那里经历过特别好或特别坏的时光。任何熟悉伊万·巴甫洛夫和他的狗的故事的人都知道，将不同的事件或物体配对会使二者之间产生条件链接。就像狗将铃声与食物联系起来（因此听到铃声时就开始分泌唾液），一个物理空间也可以与积极的经历相连接，从而让我们在再次接触那个空间时感受到快乐。

当然，我们的童年家园与其所唤起的情感之间的联系比简单的铃声—食物搭配要复杂得多。当今的认知心理学家会将我们的记忆描述为一张由相互连接的图像和思想组成的庞大网络，类似一系列网的组合。思想并不是随机散布在我们的记忆库中，相反，每一条信息都与相关联的信息联结。这样，回忆起一个记忆就更容易想到相关联的记忆。这就是为什么回忆起你家的狗掉进游泳池时的情景可能会让你想起你家的狗饥饿时推着食盆在地板上走的样子，并进一步让你联想起一个朋友家的狗喜欢吃茄子，接着又引出你和朋友上次去露营的画面。

情感也会被卷入这个由记忆和联想组成的网络中。静下心来花一点时间想想你特别开心、自豪或感觉被爱的时候。或者，如果你愿意的话，想一想你特别悲伤、尴尬或孤独的时候。如果你像大多数人一样，这个练习至少会唤起一丝你在获得奖学金时或在派对上成为唯一一个没有约会对象的人时所经历的同样的情感。就像声音会随着电影中的视觉图像一起被记录下来一样，情感也会与相关的经历一起被存储在记忆中。随着时间的推移、经历的变化，我们有时可以将二者分开，比如当回忆起碰洒咖啡时会感到好笑，而不会重新体验当初的尴尬。但更多时候，将记忆和情感分开是很困难的。

既然情感和回忆的图像在记忆中是相关联的，那么与我们童年家园有关的记忆就很可能会带来欢乐、悲伤、自豪或愧疚的情绪。对我们大多数人来说，童年家园都是诸多情感经历发生的地方。我们与父母共度的大部分关键时刻可能都发生在那个家的几面墙内。我们的童年家园还为我们提供了一个空间，让我们独处，与朋友互动，与兄弟姐妹或其他家庭成员亲近或疏远。根据我们对记忆和情感的了解，人很难不与这一切发生的地方建立情感联结。

尽管我们所有人在回忆童年时都会想起或积极或消极的经历，但我发现，人们回望旧居时主要唤起的还是正面情绪。其中一个很明显的解释是，大多数人在成长过程中经历的积极体验都要多于消极体验。不过我们的记忆也很有可能为我们的童年罩上了一层脱离现实的玫瑰色滤镜。这就好比我们能清楚地记得自己打出本垒打的时刻,但似乎并不记得自己出局的次数有多少。

这种在回忆中美化过去经历的倾向是人类独有的特质。研究人员发现,我们往往会淡化事件中令人不快或无聊的部分,而夸大快乐的时刻。我们会忘记露营旅行中的蚊子、第一次约会时尴尬的沉默,以及分娩时的痛苦。但我们能清楚地记起毕业后的庆祝活动、海滩之旅的快乐,还有朋友关心带来的温暖。心理学家在一场为期三周的加州骑行之旅的开始前、进行中和结束后分别询问了参与活动的自行车手们对活动的感受。骑行之旅结束一周后,自行车手们回忆起这段经历时所感受到的快乐要比他们在骑行过程中所反馈的多得多。骑行期间,百分之六十一的人表示对这次经历感到失望。而骑行结束后,只有百分之十一的人记得他们曾经觉得失望。

儿童尤其容易以积极的眼光看待自己的经历。在我七岁大的儿子打了他的第一场(算是吧)有组织的篮球比赛后不久,我问他在下一场比赛之前想练习哪些技能。他有些奇怪地看着我说:"我觉得,我各方面都挺好的。"有了这种自信的视角,来自童年的积极记忆总是占压倒性多数就不令人惊讶了。因为对童年家园的积极情感很可能是被夸大了的,所以我们在想起那个老地方时所体验到的那种温暖感觉可能比它实际应该有的程度要强烈得多。不过,这个事实并不意味着这些情感就不是真实的。

作为自我延伸的家

美好的回忆和生物学倾向只能部分解释我们对家的依恋。当我开始与受访者讨论他们对童年家园的拜访时我意识到,人与处所之间的联系是一种非常基本的联系,远不是模糊的本能或偶然的配对所能描述的。正如我访谈的一名女士向她的孩子解释的那样——"如果你们了解我来自哪里,你们就会更了解我这个人。"简而言之,那些我们过往经历发生的地方构成了我们自我概念的一部分。对大多数人来说,构成我们童年背景的卧室、后院和教室就是我们个人身份认同的一部分。要更好地理解这一点,我们需要先看看心理学家对自我概念的解释,以及其他人和物在我们看待自己、感知自己的过程中所扮演的角色。

自我概念

尽管我们每个人都有关于自己是谁的感知,但这种感知并不是与生俱来的。新生儿面临的诸多任务之一就是区分自我和非我之间的界限。婴儿很快就会发展出一套感知:他们嘴里发出的声音是他们自己能够控制的,他们的手脚可以帮助他们做成事情。三个月大的婴儿在面对镜子时的反应已经可以表明,他们能够认识到自己可以控制镜像中的画面。一天,我家宝宝坐在婴儿车里发出阵阵响亮而似乎是随机发出的噪声,当时我和妻子正在招待客人。我向朋友们道歉,并补充说我儿子通常不会这样。我们的一个客人是心理学家,她觉得这整个场面——尤其是我的反应——很有趣。"他在做实验。"这个朋友说,"他正试图弄清楚,当他发出某些声音时会发生什么。谁知道呢?也许电视会打开,也许会出现一头大象。"

语言的发展加快了这一进程。"我"(me/I)、孩子的名字都是婴儿最先学会的词语。然后是用来识别物体和其他人的名词。语言为孩子提供了标签,让他们能够为储存信息而开始在心里进行粗略分类。关于"我"的信息被存放在与关于"姐姐"的信息不同的类别中,尽管孩子们要花一段时间才能完全理解,并不是每个人都拥有和他自己所积累的知识一样的知识。最早进入孩子的自我概念的事项还包括与其他人的关系(如:"我是弟弟")。等到他们十五到二十个月大的时候,大多数孩子就能理解性别,并将自己识别为男孩或女孩了。他们也会发展出对年龄的理解,认识到自己属于一个与他们自己的年龄差不多大的人群。

心理学家经常用"认知分类目录"这个词组来描述自我概念。作为类比,认知分类目录类似电脑文件夹,是人们在记忆中存储有关某个主题的知识的地方。我们会为生活中遇到的每一个重要的人、地方和事物建立独立的认知分类目录。继续这个类比,因为信息是储存在文件夹里而不是随机散布在记忆中的,所以一旦一个文件夹因为检索某一个事实而被访问,同一个文件夹中的其他记忆和事实就也很容易会被获取。

当然,最重要的认知分类目录是包含关于自我信息的那一个,心理学家称之为自我图式,但并不是包含这个类别中的所有内容,也就是说,并不是你所知道的关于自己的一切都会成为你自我概念的一部分。对某些人来说,跳舞只是一种偶尔为之的活动。而对一名学习舞蹈并梦想在专业团体中建立职业生涯的女性来说,舞蹈可能就是她的一部分,是她身份认同的一部分。对这名女性来说,舞蹈构成了她的自我概念的一部分,但并非所有跳舞的人都是这样。了解一个行为或特征在多大程度上是一个人自我概念的一部分可以帮助心理学家预测行为。例如,有些人将日常锻炼作为他们自我概念的一部分,即他们认为锻炼是构成他们身份认同的一部分。研究人员发现,这类人更有可能坚持一项健身计划。而那些认为锻炼只是他们在做的事情,但不是他们身份认同的一部分的人就不太可能做到这种程度。

扩展自我概念

描述自我概念不可避免地会引出一个问题:它根植于何处?乍一看似乎很明显,自我概念必定根植于——或者说被限定于一个人的内在,即根植于我们的思想和记忆。我们也可以把身体特征包括在内,例如外貌、健康情况和体能。反正一个人的自我必定终止在我们的外皮与外界接触的地方,对吗?毕竟,孩子们学到的区分"我"与其他一切的分界线就是这个。

虽然从直觉上说,将自我概念限制在人的内在似乎是个显而易见的答案,但许多心理学家都反驳说这种观点太过狭隘。这并不是说我们要把自己与无生命的物体或者与其他人混同起来。但人类确实有着非凡的能力去与外部的人、地、物建立认同。正如一名专业舞者将她的身份认同与舞蹈锚定，我们每个人都会将我们的身份认同与显然不是我们物理存在一部分的人或环境因素联系在一起。

个体会将自我认同扩展到其他人或物体上，这个观点并不新鲜。实际上，这一观念的源头可以一直追溯到现代心理学的起点。威廉·詹姆斯是第一位明确讨论自我问题的知名心理学家，他曾在一八九二年这么评论道：

> 然而，在最广泛的意义上，一个人的"自我"就是他所能称之为自己的一切的总和，不仅包括他的身体和精神力量，还包括他的衣服和房屋、妻子和孩子、祖先和朋友、声誉和成就、土地和马匹、游艇和银行账户。所有这些东西都给他带来了同样的情感。如果这一切增长繁荣，他就会容光焕发；如果这一切衰退凋零，他就会颓然沮丧。

心理学家有时通过直接要求人们为"我是谁？"这个问题提供二十个答案来研究自我概念。不出所料，受访者通常会回答他们认为自己是什么样的人（如：诚实的人、外向的人、基督教徒）。大约三分之一的人会提到他们的性别，很多人还会提到他们的种族和年龄。人们也会用他们所扮演的角色和与他人的关系来定义自己（如：老师、父亲）。大多数有工作的人会提到他们的职业，就像几乎所有已婚人士和为人父母的人在回答这个问题时会提到他们与配偶和子女的关系一样。这项研究中有一个显著的发现，就是女性比男性更愿意用与他人的关系来描述自己。这种差异很可能与我们的文化中女性更倾向于将人际关系置于更重要的位置有关。

在这项"我是谁？"研究的一个比较有趣的变异版中，一组心理学家给男女两组参与者每人配备了一台相机，并告诉他们拍摄或让别人帮他们拍摄十二张照片来"描述你自己所认为的自己"。在对参与者交回的照片进行编码整理后，研究人员发现，只有少数照片上只拍摄了参与者一个人。在十二张照片里，男性平均有四点二张只拍摄了自己，女性是二点八张。实际上，在参与者提交的大量照片（男性四点五张，女性四点七张）里，他们本人甚至都没有出现。这些照片的内容涵盖了他们的家人和朋友，也涵盖了宠物、汽车、摩托车、酒精饮料以及其他众多非人类的物体。

相关的各类研究表明，人们经常将自我概念扩展到自己的身体之外。例如，当我们的家庭成员完成了某项成就或做了某件值得称赞的事时，我们通常会说我们为他们感到"自豪"。但是，如果我们以狭义的自我概念来考量，这种自豪感就毫无意义。我的妻子因为做社区服务得了奖，我在这其中又做了什么而产生自豪感呢？不过，如果我们认定自我概念超出了我们自己的思想和行动，那么在我的妻子做出有价值的事情时我感到自豪就可以被理解了。因为我把我的身份认同与她联系在了一起，所以当她取得成就时，这种感觉就像是我自己取得了成就一样。同样，大多数人都能想起自己为子女、兄弟姐妹、亲密朋友甚至是与我们居住在同一社区的人感到骄傲的时刻。心理学家已经在许多不同领域观察到了这种扩展自我感知的倾向。让我们先简要地看看其中的几个：情侣、家庭、社会团体以及无生命体。然后我将提出一个观点，即人们也会将他们对自己是谁的自我感知扩展到他们当前和过去的家园。

情侣

诗人和词曲作者常常用"比翼鸟""连理枝"之类的词来描述爱情，热恋情侣之间的那条界限会变得模糊，分不清哪里是一个人的结束，哪里是另一个人的开始。心理学家也研究过这种你中有我、我中有你的关系，虽然没有那么浪漫。研究者发现，我们对自己的认知分类目录往往与我们对伴侣的认知分类相重叠。也就是说，当你陷入一段浪漫关系时，你在"我"这个文件夹里保留的想法和图像会与你在"伴侣"文件夹里的想法和图像交织在一起。

心理学家需要依靠一些富有创意的实验程序来证明这种自我与伴侣之间的认知融合。例如，我们都知道，人在处理不一致的信息时所需的时间比处理一致信息的时间要长。这种效应的经典演示形式被称为斯特鲁普试验（Stroop test）。在这个试验中，研究人员向受试者展示表示颜色名称的名词——红色、绿色、黄色——并要求受试者尽可能快地读出每个单词。关键点在于，有时单词的印刷颜色与单词的意思所表示的颜色并不匹配。比起用蓝色墨水印制的"蓝色"，如果这个词是用红色墨水印刷的，那么人们就要花费更长的时间才能把它念出来。与之相类似,当受试者回答关于自己的问题时(如:"你是否具有竞争力?"),如果他和他的伴侣都具备这一特征,那么受试者就会回答得很快。如果被问的是一个他们自己具备但伴侣不具备的典型特征,这些受试者就需要更长的时间才能回答出问题。简而言之,恋爱中的人往往会用同样的方式来处理关于自己和关于伴侣的信息。就像诗人可能会说的那样,两个认知目录已经合二为一。

家庭

我们也会将自我概念扩展到家庭,有时还会扩展到特定的家庭成员。男孩们经常会将自己定义为"父亲的儿子"或"姐姐的弟弟"。新生儿的父母就要经历这种身份的转变。突然之间,"杰娜的母亲"这个身份就成了某个年轻妈妈对自己身份认知的核心。自我概念与家庭的联系对名人或世家望族成员来说尤为强烈。比如在美国,肯尼迪家族或洛克菲勒家族的成员又怎么可能把家族从自我概念的认知中割裂出去呢?

来自不那么出名家庭的人也会将他们的身份认同延伸到他们的亲戚身上,有时甚至延伸到从未见过面的几代人之前。每年都有成千上万的美国人试图追溯他们的家谱。能够为他们提供帮助的组织和供他们使用的在线数据库服务就有几十个。但这件事的吸引力在哪里呢?为什么知道曾祖父的职业和出生地对他们那么重要?当被问及为什么想要去了解他们的祖先时,那些追溯家谱的人都倾向于给出类似的理由——他们想更多地了解自己。他们想通过了解自己的根源来更好地建立自我身份认同。正如人们为自己的伴侣和子女感到自豪一样，那些知道自己家族历史的人常常会非常自豪地指出，自己的某个远亲曾是战争英雄，某个远亲曾当过州长。

社会团体

人类天生喜欢群聚。我们大多数人都从属于几个正式或非正式的团体——从排他性的专业组织到有每天早上聚在一起喝咖啡的固定圈子。社团发挥着许多功能，但加入社团的一个经常被忽视的原因是，社团能为我们提供一种心理学家称之为社会身份认同的东西。也就是说，我们经常会根据自己所属的群体（群体内）和不所属的群体（群体外）来定义自己。在回答"我是谁？"这个问题时，参与者通常会提到他们在群体内的成员身份（兄弟会成员、乐队成员、一个美国人）。就像情侣一样，联谊会或兄弟会成员在被问及他们和他们的组织共同拥有的特质时反应非常迅速。不过，当被问及他们拥有但不属于其群体的特质时，这些个体都需要更长的时间来反应。

人们对群体身份的认同倾向是强大的，而且可能也是自发的。人类会在群体中迅速表现出一致性行为，即使仅仅是被划入一个临时性群体也是如此。长期以来，这种现象吸引着社会心理学家的注意。告诉参与者他们属于 X 组而不是 Y 组后，参与者几乎立刻就表现出了"我方与他方"的思维模式。毫无疑问，我们选择加入的长期性群体隶属关系在我们的个人身份认同中扮演着重要角色。对许多人来说，卫理公会教徒、南方人或海军陆战队队员就是他们身份认同的核心。对群体的攻击就是对他们个人的攻击。

无生命体

既然我们的身份认同可以扩展到其他人或群体，那么能不能扩展到无生命体呢，比如汽车或衣物？大多数人都接受这个观点，即一个人驾驶的汽车或穿着的衣服能告诉我们一些关于他这个个体的信息。但我们能否进一步说，一辆豪华汽车或一件炫耀性的珠宝是一个人自我概念的一部分？我们都认识一些这样的人，他们坚持保留一件破旧不堪的衬衫或上衣，显然那件衣服他们根本不会考虑再穿。而且人们也经常会说他们对一个有裂痕的咖啡杯或一件旧家具珍爱不已。在许多古老的文化中，个人财产都会与死者一起下葬。

正如这些例子所显示的，人们也会将自己的自我概念扩展到无生命体上。这一现象可能在个体失去他们珍爱的物品时表现得最为明显。那些因火灾和洪水而失去个人物品的人通常会经历一个类似哀悼的过程。另一方面，那些想要对新成员进行"非人格化"的机构，如监狱和军事训练营，采取的第一步措施通常就是收走个人物品。

心理学家常常惊讶于人们能够轻易地将自己与物品联系起来。在一项研究中，当研究人员告诉参与者他们可以保留塑料冷饮杯时，参与者会给那个杯子更高的评价。当被要求评估不同字母的吸引力时，大多数人都明显偏好自己名字的首字母。心理学家称这种倾向为隐性自恋。因为我们大多数人对自己都有相当正面的看法，所以我们会被那些与自己有关的物品、人和处所吸引。尽管我们与冷饮杯和字母的关联似乎微不足道，且它们只具有娱乐意义，但隐性自恋也可能影响重要的人生决策，如职业选择和居住地选择。研究者发现，名叫丹尼斯（Dennis）或蒂尼丝（Denise）的人更有可能成为牙医（dentist）。同样，名叫路易斯（Louis）和弗吉尼亚（Virginia）的人更倾向于居住在圣路易斯（St. Louis）和弗吉尼亚海滩（Virginia Beach）。这种效应甚至会扩展到对结婚对象的选择。我们更有可能与名字和我们相似的人结婚，即使这种相似性只在于双方姓氏的首字母相同。也就是说，比起其他人，约瑟夫（Joseph）更有可能娶到约瑟芬（Josephine），宝拉（Paula）更有可能嫁给保罗（Paul）。

自我概念与家

简而言之，大量证据表明人们常常以超越自己思想、情感和行动的方式来思考自己。因此，提出"我们也将自我概念延伸到不同地点"这一想法并不是一个很大的跳跃。在一项研究中，参与者拿到了一份包含九十六个项目的清单。清单内列举了人（如你的母亲、配偶和父亲）、身体部位（如你的手）、地点（如你的社区）、物体（如你最喜欢的车）以及其他自我概念（如你的童年记忆）。受试者要根据清单内列举选项作为自我身份认同一部分的关联程度，将每个选项分别放入四个类别之一中——自我、轻微自我、轻微非我和非我。研究人员根据受试者给出的答案，为每个选项赋予"1"到"4"的数值，并计算了平均评分。

不出所料，传统上认为与自我概念相关联的概念——价值观、个人感受——位于列表的最顶部。与以往的研究一致，受试者生活中重要的人也获得了高分。母亲、配偶和父亲都位于列表的前列。一些身体部位，比如眼睛和头发也是如此。但在列表上排名较高的选项——（第二十五位）还有当前住所。换句话说，大多数参与者将他们目前居住的地方视为个人身份的重要组成部分。事实上，当前住所的排名要高于祖先、最后就读的学校和信仰的宗教。另一个选项——家中最喜欢的房间，也在列表上名列前茅。

人们真的会把自己的家和其他重要的地方视为自我概念的一部分吗？早在十九世纪，心理学家威廉·詹姆斯就认识到人们会将自我意识延伸到自己的思想和情感之外。"我们的家……各种场景就是我们生活的一部分，它的各个方面会唤起最温柔的感情；我们很难原谅那些在来访时对主人家表现出挑剔或轻视的陌生人。"

想想看我们与他人分享个人信息的方式和分享我们的家之间的相似之处。数十年的研究发现，人们会以有选择的方式来透露关于自己的信息。关于梦想、希望和恐惧的个人信息细节仅限于我们喜欢和信任的人。同样地，我们在决定对谁以及如何分享我们的家时也是有选择性的。走进另一个人的住所并非微不足道的行为。礼仪要求我们在被邀请之前不得擅自进入他人的住所。就像个人信息和感受一样，只有主人能决定是否向别人透露。确实，当我们对某人说"我家不再欢迎你"这句话时，是非常有杀伤力的。出于同样的原因，不愿意与人分享自己的家可能会传达一种不友好的信息。一次，我曾听到我岳父质疑他与一位多年好友的友谊深度。"他从不邀请我去他家。"我岳父说，"一次也没有。"

在别人家被盗时，我们也可以观察到这种保护意识。盗窃受害者常常报告说他们感到"被侵犯"了，并且比起盗窃造成的金钱损失，陌生人在家中四处走动的画面更令人不安。有些人说，这就像是一个陌生人读了他们的日记。在一项研究中，超过一半受访的盗窃受害者在未经任何提示的前提下就提到他们感觉像是被"侵犯、污染或强奸"了。这种个人受到侵犯的感觉可能会持续数个月。

当自我概念与社群归属感相结合时，自我概念和家之间的联系可能会变得特别强烈。在中世纪欧洲，身份和社区之间的联系异常牢固，甚至人们的名字在绝大多数情况下显示了他们的居住地。例如，一个英国人可能被称为奥兰治的威廉，而一个法国女士可能被称为来自夏特尔的小姐。虽然比起其他国家，这种情况在美国较为少见，但还是有许多人产生了对特定地理区域的依恋。当几代人都住在同一个社区里时，这种纽带尤其强大。即使几十年都没有在那个地区居住，人们也经常选择家族社区的墓地作为他们的安息之地。

我们来看看记者杰克·哈尔珀恩笔下的北卡罗来纳州普林斯维尔居民。哈尔珀恩调查了那些有充分理由离开普林斯维尔却仍然居住在那里的人。有个夏威夷人就拒绝搬迁，即使他的家已经被流淌的熔岩河包围。普林斯维尔是一座小镇，一些历史学家认为，它是美国第一个完全由非裔美国人建立的市镇。很多居民都可以将他们的祖先追溯到南北战争后就定居在这里的那一辈。不幸的是，这座城镇位于洪泛区，历史上经常遭受洪水的冲击。尽管如此，普林斯维尔一直都在与大自然抗争，直到一九九九年九月。当时，弗洛伊德飓风掀起的泛滥洪水基本上摧毁了整座城镇。联邦紧急事务管理署（FEMA）的工作人员在研判后向居民提出建议：他们可以修复断裂的堤坝，重建家园，并继续承受洪泛区的风险，或者由 FEMA 的工作人员来铲平剩余的建筑残留，给予居民现金补偿，好让他们搬到别处。

理性地权衡利弊当然会让搬迁补偿方案胜出。但居民们对他们的家——以及他们父母和祖父母的家——怀有强烈的依恋。七十二岁的居民萨德·奈特就想要留下来，他带领哈尔珀恩参观了普林斯维尔的墓地。"萨德和我停在一块块朴素的墓碑前，每块墓碑的主人都姓奈特。萨德给我看了他父母的坟墓，然后走到他三个已故兄弟的坟旁。'他住在新泽西，他住在纽约市的牙买加，他在格林斯博罗。'他说，'他们都希望落叶归根。'"

最终，普林斯维尔市议会用他们的心而不是他们的脑袋投了票。他们拒绝了搬迁方案。无家可归的市民返回普林斯维尔，开始重建家园。

对普林斯维尔市民的决定大放厥词是件很容易的事。我在那些对因火灾、飓风或地震而受损的社区评头论足的人身上看到过同样的反应。加利福尼亚人无法理解为什么俄克拉荷马和堪萨斯"龙卷风走廊"上的居民在反复被龙卷风扫荡后仍然留在同一座小镇。不断经历龙卷风警报的中西部人也不能理解为什么那些家园和财产被森林大火夺走的人们会一再回到同一地点重建家园。生活在森林山区小镇的人们绝不会考虑搬到像佛罗里达这样的飓风区；而佛罗里达居民在读到关于地震的报道时也会好奇为什么加利福尼亚人一定要住在一颗地质定时炸弹上。

尽管灾难导致一些人永久搬迁，但几乎在所有情况下，受损社区的大多数居民都会返回故地。选择离开的更有可能是新移民、租房客或其他尚未在社区扎根的群体。二〇〇五年，当卡特里娜飓风以及随后的洪水摧毁了新奥尔良市和墨西哥湾沿岸的各个社区时，这一模式再次得到了印证。虽然相当比例的人选择永久离开，但城市的大多数人还是回来了。当然，经济因素——如房产所有权和就业机会，会促使人们做出回归或离开的决定。但我们也不应低估人们对家园和社区的情感依恋所带来的强大引力。

家园依恋具有普遍性吗？

当我向其他教授和学生介绍我的研究时，我通常会收到三种反应。第一种，当我谈到家园依恋时，许多人会明显受到触动。在我讲述受访者回到他们童年家园的故事时,许多听众会不住点头。这当中又有很多人会在演讲结束后留下来分享他们自己的经历。第二种,许多人能理解我说的话,但没有表现出外在的情绪反应。这其中也有相当多的人已经去看过他们童年的那些建筑。还有些人虽然还没去过,但已经有了这种冲动。

剩下的就是第三种反应。听众中有四分之一到三分之一的人会感到难以理解家园依恋这个概念。他们有时会皱着眉头看着那些谈论旧居的人。有时他们也会问我:不就是座房子吗,回去看看那地方变得有多糟糕了有什么意义?我不会和这些人争辩。他们的情感和认知与理解我所谈论话题的那些人一样真实。但他们确实提出了一些重要问题。家园依恋有多普遍?为什么有些人对以前的家有强烈的依恋,而另一些人只看到了木头、砖块和油漆?

我对这些问题有三个回答。首先,尽管不是每个人都能表达出来,但人们对家园的依恋可以是普遍的。如前文所述,心理学家认为人具有普遍的社交需求。然而,许多人倾向于不与他人分享太多,寻求一段时间的独处也不是罕见的现象。同样地,我们每个人都有与我们的家园建立情感联结的能力,但是否建立这种联结以及如何表达这种联结可能因人而异。

第二,有些人可能只是没有机会与他们的童年家园建立依恋关系。小学期间频繁搬家的孩子可能不会在一个地方待到足够久来建立情感联结。"军人子弟"通常就是这样,他们的家庭每隔几年就会驻扎到一个新的地区。在第七章,我将更详细地讨论这个群体。

此外，对那些在一个地方长大的孩子来说，童年记忆也并不总是愉快的。令人难过的事实是，全美每年有超过三百万个儿童被转移到国家或地方的儿童保护服务机构。在恶劣环境中长大的孩子不太可能对以前的家产生积极的情感联结。不过，正如第六章所述，有些人会特意回到童年家园来应对这些痛苦的回忆。

第三，显而易见的是，人与人是不同的。虽然到目前为止关于这个问题所做的研究还很少，但人们与家的关系可能也取决于个性差异。在一项研究中，比起情绪反应较少的人，容易产生情绪反应的成年人在搬家前后都更容易感到沮丧。相反，性格外向的人搬家后自我感觉更好。那么，对童年家园产生情感依恋的人和没有这种依恋的人之间是否也存在个性差异呢？为了找出答案，我给一组已经回过童年家园的人以及一组对这样的旅行不感兴趣的人进行了一系列人格测试。我在六个人格量表中的五个选项中都发现了两组人之间的显著差异。访问过童年家园的人比没有访问过童年家园的人对理解自己的行为具有更强烈的需求。进行过这种旅行的人对新鲜体验表现出了更强烈的需求，同时对独立于社会约束来行动也有更强烈的需求。此外，那些进行过这种旅行的人对艺术和智力概念更感兴趣，并且习惯于以非传统的方式进行思考。有趣的是，在成就需求测量中，旅行者的得分也高于非旅行者。

虽然这些发现倾向于将那些回过童年家园的人描绘得比没有回去过的人更优秀，但我强烈建议不要对这两组人做出任何全面性的评价。我要求这两组人完成了几个个人适应性测试，发现在任何量表中，两组人之间都没有明显差异。因此，尽管旅行者和非旅行者可能具有不同的个性，但在情感层面，任何一方都不比另一方更好或更糟。

第三章

儿童的世界

我儿子大概十一岁时的一天,我和他有一次关于我们所在街区的对话。我们在亚当七岁时搬进了这座房子。这是一片典型的郊区社区——一排排单户住宅、人行道、前院草坪,附近还有个公园。我们住在那儿的时候,我时常会拜访邻居,晚上出去散步,和亚当在公园里玩耍。从我的角度来看,我已经相当了解这个社区了。这次特别的交谈是由我儿子讲述他和一个朋友如何帮助邻居找到丢失的狗的故事引发的。亚当讲述找狗的详细情况时,我不由自主地在几个地方打断他来问个清楚。亚当提到"长着非常大的红花的玫瑰花丛"时,我不得不问他到底指的是什么玫瑰。我儿子描述了一条穿过树篱位于两所房子之间的通道,我问他是哪两所房子,什么样的通道。亚当跟我讲他和他的朋友是如何爬上那棵树枝低垂的长针叶树的,以便更好地观察整个公园,而我问他那棵树到底在哪里。

很快,我就意识到我儿子对街区的理解方式与我截然不同。我知道的是街道、一些住户,以及一些明显的地标。我也大概知道哪些邻居会定期修剪草坪,以及谁最近购买了一辆新车。但我对围栏上的洞、网球场附近的藏身之处,以及哪些树适合攀爬几乎一无所知。

现在我知道,我和亚当对我们所在街区的不同理解并不仅仅是注意力不同的问题。相反,越来越多的研究表明,儿童与物理世界的互动方式与成人不同。我们可能一起见过同样的风景，而我和儿子对街道、草坪和人行道的体验却截然不同。但是，如果你问我我小时候住的那个街区的树木、墙上的招贴和人行道上的裂缝，我也能给你详细地描述出来。

为什么是小学阶段？

我的研究中有几个意外的发现，其中之一就是人们对他们上小学时（五到十二岁）居住的地方有着特殊的情感纽带。很少有人去拜访他们在这个年龄段之前生活的家，那些确实这样做的人更感兴趣的往往是去看看他们的父母或哥哥姐姐住在哪里，而不是去了解他们自己。当然，人们也会对青少年和成年时期的家产生依恋。但我在研究中反复观察到，当人们强烈渴望参观以前的住所时，他们最想去的往往是小学时期的家。这是为什么呢？

这种偏好有两个原因。第一个原因与一种众所周知的心理现象有关，这种现象被称为童年失忆症。至于第二个原因，心理学家对其进行的研究要少得多。一些心理学家推测，儿童与物理世界的互动方式是独特的。儿童不仅仅是穿行于环境中的，相反，建筑、公园、树林和校园都代表着探索、操作和创造的机会。更重要的是，这种探索和操作行为可能在儿童个性发展和个人掌控感培养方面发挥着重要作用。

童年失忆症

如果我让你回想你最早的记忆,你可能会想起一些上学前的模糊画面。但如果你和大多数人一样,那你可能记不起五岁之前所发生的任何事情。心理学家称这种无法记住早年事件的症状为童年失忆症。研究人员将记忆的绝对下限设在两岁。然而,即使在这些罕见的案例中,记忆的画面也是模糊的,而且准确性往往值得怀疑。那些声称自己能清楚记得两三岁时的事情的人回忆起的更有可能是照片里的情景、家人经常讲述的故事里的情景,或者是对早年场景的想象。

尽管发展心理学家在持续研究和争论童年失忆症的成因,但目前的解释主要指向幼儿记忆力的局限性。幼儿的记忆存取能力并不高效。学龄前儿童记忆信息更少,遗忘信息更快,而且比年龄较大的儿童需要更具体的线索来回忆信息。结果是,尽管儿童在生命的前几年以惊人的速度学习着关于世界的各种知识,但他们回忆具体事件的能力却非常有限。难怪几年之后,我们就都无法回忆起第一次生日派对的画面或者刚学会走路时的情景了。就算这些画面或情景曾经被编码,它们也早已被遗忘了。

除了幼儿的记忆能力有限外,回忆学龄前的重要事件还受到认知结构尚未成熟的阻碍。正如上一章所述,信息在我们的记忆中并不是随机存储的。相反,事实和图像被归类在不同的认知分类目录中。这些目录中最重要的就是我们用来储存关于我们自己的信息的目录。对成年人来说,储存在自我目录中的记忆通常比其他地方的记忆更容易回忆。但请记住，婴儿并非生来就具有自我意识。尽管目前还无法准确指出儿童何时发展出这一关键的认知类别，但多个来源的证据显示，这个时间点是在两岁到三岁之间。孩子们就是在这个时候开始使用"我""我的"这类字词的。

构建一个关于自我的认知分类目录能够使孩子们更方便地储存和检索关于"我"的信息。当年龄达到两岁半到三岁时，他们就可以准确地回答关于几个月前发生的重要事件的问题了（如：去急诊室或去迪士尼乐园）。然而，儿童此时的认知系统仍然很粗糙，记忆能力仍在发展中。研究人员通常需要用对事件的描述来提示三岁的孩子，并且往往只能得到"是"或"否"的回答。但是，随着儿童进入幼儿园阶段并步入小学低年级，他们的记忆能力就会提升，认知分类目录网络也变得更加复杂高效。因此，我们大多数人只保有很少的关于三岁时的记忆，或者一点记忆都没有。对五岁时的记忆会有一些，而对七岁时的记忆则会多得多。

关于幼儿记忆和童年失忆症的研究有助于我们理解为什么人们不常回他们五岁之前住过的家。首先，我们大多数人对早年间的家和街区几乎没有什么记忆。因此，没有记忆可以唤起，也就没有情感可以通过拜访那个地方而被激发出来。其次，正如我在上一章所论述的，人们常常把家视为自我概念的延伸。从认知心理学的角度来看，我们储存在记忆中的关于家的想法和图像与我们的自我认知相连接，或者说就嵌在自我认知中。如果说我们的自我概念在学龄前仍处于早期发展阶段，那么我们作为成年人时所拥有的自我意识就不太可能与那段时间居住过的家相联结。拜访学龄前时期的家对想要与曾经的自己重新建立联结的人来说可能帮助不大。

儿童与物质世界的独特关系

对待理解儿童如何与世界互动这个问题，诗人、小说家和电影制作人似乎又一次远远领先于心理学家。我们都读过相关的故事或看过相关的电影，里面的孩子们在遇见花朵和昆虫时表现出巨大的惊奇，在探索河岸或建造树屋中找到了极大的乐趣。然而到目前为止，只有少数心理学家研究了儿童与他们所处的物理环境互动的方式。尽管研究相对较少，但可以肯定的是，儿童在青春期前会以独特的方式体验他们的世界。第一个对这种现象做出描述的应该是伊迪丝·科布（Edith Cobb）。经过多年的儿童研究工作，她于一九五九年得出了这样的结论：

> 有一个特殊的时期，即人们不太了解的儿童青春期前的宁静期，是在五岁到十二岁之间……儿童以一种高度唤起的方式体验自然世界……使用各种所谓的投射方法和游戏技巧……我敏锐地意识到，一个孩子最想要做的事情就是创造一个世界，并在其中找到一个可以用来发现自我的地方。

科布认为，儿童需要用自己独特的方式与物理世界互动，塑造物理世界，并在这个过程中培养他们的个性和掌控感。她还提出，像艺术家和发明家这样具有创造性的成年人经常"在记忆中回到"这种早期时光，以重新获得那种独特而具有自发性的感觉。她的意思并不是那些具有创造性的成年人真的回到了他们的童年家园去寻找灵感。不过，正如我在下一章中所探讨的，这可能会是一个不错的建议。

科布和其他研究者还观察到，青春期前的儿童并不是简单地穿行于他们的世界。相反，他们会探索环境、操纵环境。他们会在泥土中挖掘，会爬上树木，会走上他们随机遇到的路径。这种与世界互动的方式反映了两种互补的需求。首先，儿童需要建立一种独立于家庭和父母之外的认同感。儿童渴望并需要一个安全的家，还有充满爱的家人，但他们也需要发展出一种自我认同感，这种身份认同是独立于家庭强加给他们的身份认同的。这需要他们自己来做出决定，有时甚至是字面意思上——在现实中创造出他们自己的物理空间。其次，儿童需要培养对环境的个人控制感——或者说是掌控感。正常的成年人都相信他们能够控制，或者至少能够影响生活中所遇到的大多数挑战和需求。正是在小学期间，能够在父母的监督之外进行更多活动时，儿童开始意识到他们也能在世界上留下自己的印记。所以，他们挖掘、建造、攀爬。

还有探索。罗杰·哈特（Roger Hart）是最早进入这一领域的研究人员，他在研究了儿童离家游玩的距离后发现，当孩子八岁时，这种距离会显著增加。儿童的典型活动范围在整个小学阶段不断扩大，包括朋友的家、游乐场、公园、出售糖果和冰激凌的商店，以及沿途的几乎所有地方。并非巧合的是，也正是在这个阶段，儿童开始有能力制作和阅读地图。

值得注意的是，哈特的研究是在二十世纪七十年代的佛蒙特州威尔明顿进行的。当时大多数孩子都步行或骑自行车上学。如今，主要出于安全考虑，只有不到三分之一的儿童步行或骑自行车上学，而且大多数八岁儿童都不能像哈特研究的儿童那样在没有父母监督的情况下自由出行。尽管这些限制性条件毫无疑问地阻碍了哈特在前几代儿童身上发现的漫游行为，但儿童探索环境的需求和对环境有掌控感的需求并没有消失。儿童表达这些需求的方式之一就是创造独属于自己的地方。

独属之地

如果我没有记错，我童年的大部分时光是在父母房子后面那片巨大的（或者说至少在当时看起来如此的）田野中度过的。我们家的后院门通向一片尚未开发的土地，那里有两座无线电发射塔和许多可供探索的地方。春天时，丛生的野草高到足以藏身。还有更早时候的农场遗留下的水槽和栅栏柱的痕迹，更不用说那无穷无尽的埋藏着的宝藏了。邻居家的孩子们会制造出小路和临时的游戏区域，但我记得最清楚的还是夏天的堡垒。所谓"堡垒"不过是我们挖的洞，很少超过几英尺[1]深，却成了我童年冒险的游乐场。夏天大多数时候，你都能在这片田野上发现三四座这样的堡垒，每座堡

---

1 英美制长度单位，1 英尺合 0.3048 米。

垒属于一群不同的男孩（出于某种原因，这是一项专属于男孩的活动）。两到三个男孩会花上大半天时间来挖堡垒，然后这个堡垒就"属于"他们了，直到拥有这片土地的电台公司开始犁地，它们每年都会犁几次地。我们在那些堡垒里玩耍，消磨时光，有时在那里吃饭。我们还给堡垒起名字。不请自来的客人是不受欢迎的，而大人们绝不会被允许进入。

之后与朋友们的交谈让我明白，我建造自己专属儿童堡垒的经历并不是独一无二的。事实证明，我认识的很多人在孩提时代都有属于自己的私人空间。对一些人来说，那个地方就是一个树屋；对另一些人来说，则是地下室的一个僻静角落，或是林中树木与岩石之间的一个隐蔽之地。我的一些朋友会独自前往他们的独属之地；其他人则会与几个亲密朋友或兄弟姐妹分享。通常他们的父母甚至都不知道这个地方的存在（至少他们是这么以为的）。但在所有情况下，父母都绝不能进入。而且，据他们回忆，那个独属之地只在他们小学期间的生活中占有一席之地。

是否大多数孩子都找到或创造了像我的夏日堡垒一样的地方呢？为了找出答案，我向大量成年人发放了调查问卷。我首先解释，说："孩子们有时会在家里或周围找到一片对他们来说特别的地方。"随后我也举了几个例子（如：阁楼、树屋）来说明我的意思。最后我问参与者是否能想到一个这样的地方，如果可以的话，请简要描述一下。虽然每个人都写了一些东西，但相当多的人提到的地方都很宽泛（如：我的社区、夏令营）或者更偏向于公共而非私人的（如：我的学校、公园里的棒球场）。更具体的指示可能会得到不同的回应，但我想知道的是，人们是否能在不加太多提示的前提下回忆起他们心目中的那种私人空间。

事实上，他们中的大多数人确实可以。在这项研究的参与者中，有百分之七十二的人描述了我正在寻找的那种只属于孩子的私人空间。其中大约三分之二的独属之地位于户外。这些地方包括一个旧谷仓、一片树林中的空地、一个地下堡垒（我特别喜欢这个）、树屋、一条小巷尽头被常春藤和枯树覆盖的地方，以及用各种材料（如：旧木板、树枝、纸板箱）做成的小屋。如果参与者指出的是一个室内地点，那最常见的是他们自己的房间。家里的独属之地还包括壁橱、床下的空间，以及盖在餐桌上的毯子围起的桌下空间。有趣的是，百分之十一的人提到的独属之地位于楼梯下的小隔间或壁橱。

从某种程度上而言，在自家房子外选择一个私人空间的趋向有点令人惊讶。所有参与者在找到或创造他们的独属之地时都不到十二岁。在那个年龄，孩子们远离家的能力可能还受到限制。此外，孩子们也并没有机会花大把时间在外面。相反，研究发现，他们的大部分时间都是在室内度过的。

这种偏爱户外地点的做法最有可能反映的是孩子们对建立一个独立于父母的独属之地的需求。在没有父母监督的情况下，孩子们可以自由地按照自己喜欢的方式安排自己的空间，制定自己的规则，并随心安排时间。没有妈妈来让他们整理房间或收起玩具。事实上，创造一个没有父母干预的独属空间就是这整个想法的核心。由父母搭建维护的树屋或后院堡垒可能是一个很好的游戏区，但与自己搭建的空间还是不一样。

参与者对后续问卷问题的回答证明，这些独属之地不仅是玩耍的场所，还发挥了更多的功能。我问参与者重返他们的独属之地时感觉如何，以及为什么认为这个地方很特别。最常见的回答反映了他们行使个人控制权的欲望，做自己想做的事，不用担心规则或他人的反应。以下是他们的原话：

"那是我的地方，我说了算。"

"我感到自由、成熟，能对自己负责。"

"即使人们了解我的一切，他们也无法了解房间里的我。我想那是我唯一觉得属于我自己的东西。"

"我可以做我想做的任何事，成为我想成为的任何人，因为没有人能看到我、打扰我。"

"我可以去那里做任何我想做的事，而且没有人打扰我，这让它变得特别。我感觉自己掌控着自己的那个小女孩世界。"

"我可以躲起来做自己的事。成为我想成为的人。我可以活在自己的世界里。"

"我可以制定自己的规则。"

"我们是自己的世界的国王。"

另一个反复出现的主题是儿童在独属之地所体验到的安全感。在我的研究中，有百分之三十六的人在描述他们在独属空间里的感受时使用了"安全"或"有保障"这样的词。在有些案例中，这些地方还成了他们的避难所。正如一个男子所解释的那样："当我需要感到安全舒适时，我就会去那里。那里让我摆脱了房间外家庭的混乱。"

隐私是这些童年场所的另一个共同特征。确切地说，在列举出此类独属之地的参与者中，有一半的人表示，他们总是独自去那里。即使空间被其他人分享，这些人也仅限于亲密朋友或亲戚。对一些参与者来说，那个地方之所以特别，就是因为其他人不能或不会去那里。"那儿很隐秘。"一名女士写道，她的独属之地是楼梯下的一小块封闭区域。"那是一个大人进不去的地方，因为他们不够小。"

一致的研究发现

这一研究的结果证实了我的观察，即儿童经常寻找或创造独属之地。我也发现了证据，证明这些地方反映了儿童对建立独立于父母的自我身份认同和掌控感的需要。这一次，我想知道是否还有其他人研究过这个现象。鉴于之前我就没有找到前人关于回访童年家园的研究，我对结果并不乐观。然而这一次，通过广泛的搜索，我发现了一些虽小但相关的研究。尽管使用了不同的方法，研究的人群也与我不同，但每项研究发现的结果都与我的研究结果一致。令我印象深刻的是，其中大部分的研究都是在美国之外的地方进行的，这表明儿童寻找和创造独属之地的倾向并不只局限于我们的文化中。

其中一项研究是由教育家大卫·索贝尔（David Sobel）进行的。他对英国一所小学和西印度群岛的卡里克岛（Carricau）上的儿童进行了观察。索贝尔让五岁以上的儿童绘制他们居住区域的地图。唯一的要求是地图上必须有他们的家。孩子们还被指示要画出"对你来说特别或重要的地方"。地图绘制好之后是接受一个访谈，孩子们在访谈中指认地图上的地方，并解释这些地方的特别之处。

索贝尔发现，这两个国家的大多数儿童都标出了他们自己的私密场所，他称之为"堡垒、洞穴和灌木屋"。这些独属之地可能位于任何位置，是孩子发现或建造起来为他们提供一定程度隐蔽性的空间：林地中的一片空地、用废木头和碎屑搭建的建筑，或是田地中央一片被踩踏过的杂草。索贝尔还请一些英国孩子带他去他们的独属之地。他发现，孩子们的隐蔽藏身所实际上"往往离家很近，而且位于非常公开的地点。但很明显，在孩子们眼中，这些地方就是荒野中的前哨站"。和我在研究中遇到的美国人一样，英国和西印度群岛的孩子们也觉得自己拥有他们的独属之地，那里是他们进行思考、放飞想象力的避难所。

建筑学教授克莱尔·库珀·马库斯（Clare Cooper Marcus）在一项针对成年人的研究中研究了孩子们的独属之地。她带领一群学生进行了"回到童年最喜爱的地方的梦幻之旅"。和之前的研究一样，大多数学生都能轻易指出一个吸引他们想象力、供他们探索，并且曾经是他们避难所的私人隐蔽场所。马库斯让学生闭上眼睛，在想象中探索这个地方。然后她让他们画出并描述这个地方。马库斯在分析学生们的描述时发现了两个共同特征。首先，和我的研究参与者一样，大多数人都指认了一个童年时最喜爱的场所，而且该场所大多位于户外。只有百分之十四的人描述了一个室内场所。其次，也和我的研究参与者一样，学生们回忆起的他们的特别场所是私密的——或者至少是作为孩子的他们当时认为是私密的。尽管有时会与一两个其他孩子分享，但更多时候，这个独属之地仅属于它的创建者或发现者。在任何情况下，父母都不被允许进入。

最后，芬兰研究员卡莱维·科尔佩拉（Kalevi Korpela）让芬兰坦佩雷市的九至十二岁儿童指出他们"最喜爱的地方"，并回答有关这个地方的一些问题。尽管研究员没有特意询问孩子们是否认为那个特别的地方是属于他们自己的，但还是有很多孩子指出了一个能让他们拥有相当大程度隐私的地方。其他孩子则选择了能让他们清空思绪、放松、畅所欲言、与朋友分享秘密的地方。简而言之，当被问及他们在这个世界上最喜爱的地方时，这些芬兰孩子中有相当多的人选择的场所听起来非常像其他研究中的孩子们所描述的独属之地。

这个年龄段的孩子为什么会觉得某个地方很特别？在英国和西印度群岛进行过儿童访谈研究的研究员大卫·索贝尔归纳出了这类地方的六大共同特征。尽管并非每个独属之地都具备这六个特征，但综合考虑下来，就很容易理解为什么孩子们会对这样的地方产生依恋之情。

· 独属之地是由孩子们自己发现或建立的。

- 独属之地是秘密的。
- 独属之地由它们的创造者所有。
- 独属之地是安全的。
- 独属之地组织有序。
- 独属之地能给予创造者力量。

这些独属之地的另一个关键特征是，它们似乎总是仅存在于相同年龄段的孩子中。在我进行的每一项研究中，参与者要么年龄在五到十二岁之间，要么描述的是他们生活中那一时期的经历。但这个观察引出了另一个问题：有没有可能五岁以下的孩子也会发现并打造自己的独属之地，只不过童年失忆症让他们无法回忆起这段经历？在他们有限的世界里，这些幼小的孩子是否也曾寻找隐蔽的角落或建造简单的堡垒呢？

为了回答这个问题，一个研究小组的人员询问了三到五岁的日托中心儿童，问他们"在中心有没有一个只属于自己的特别的地方？"如果孩子们回答"有"，研究人员就会让他们指出这个地方，并描述在那里做些什么。任何接触过这个年龄段的孩子的人都知道，这种类型的调查充满困难，尤其是不知道孩子们对"特别的地方"和"只属于自己"的理解是否与研究人员所想的相同。尽管如此，一百个孩子中还是有五十五个孩子能够向研究人员展示他们认为的特别的地方。然而，这些地方中只有少数的几个类似在对较大孩子的访谈中常见的那种私密的藏身之处。最常见的是，孩子们指出了他们喜欢在那里玩耍的地方或喜欢在那里做事的桌子。当然，学龄前儿童躲开（或认为自己能躲开）大人的机会是（也应该是）相当有限的。但研究结果表明，寻找并维护一个只属于孩子自己的私人空间，这种需求可能要到稍晚一些时候才会出现。

为什么是这个家？

回到我在本章开头提出的问题。具体来说，人的一生中有那么多能够让人产生依恋的地方，为什么他们最想回去探访的是小学时代的家？由于童年失忆症，人们在五岁前居住的家不太具有吸引力的原因很容易理解。不过除此之外，我认为人们更偏爱在五到十二岁期间居住的家主要有三个原因。

第一个原因，孩子们在青少年时期之前的那种与物理世界互动的独特方式很可能导致他们与外界建立特别强烈的情感纽带。就像对待初恋一样，人们会带着极大的喜爱回忆起旧时的街区、后院和钓鱼的池塘。正如我在上一章所解释的，人类用玫瑰色滤镜看待过去的倾向可能使这些童年回忆显得比实际情况更愉快。因此，许多人强烈地想要回到这些记忆形成的地方只是为了再次体验那种情感。

第二个原因，小学生和周围世界的互动与他们个性及身份认同的发展息息相关。此外，正如前一章所述，人们常常将自我意识与重要的地点联系在一起，尤其是与家联系在一起。在某种程度上，你的自我意识就像碎片一样散落在你儿时的家及其周围。还有什么能比回到老街区，重温那些记忆和情感更能让你联结上过去的自己呢？

第三个原因，在我们的文化中，有一种普遍的观念，认为童年充满了塑造人生的经历。大多数美国人认为，他们的个性、价值观、情绪气质和其他特征，至少部分形成于他们在某一时期所经历的事情。家庭动态——特别是父母的行为经常被用来解释野心、害羞、情感依赖等问题。事实上，在我所访谈的人中，有百分之二十五的人自发地引入了"形成期"的概念，有百分之三十四的人描述了童年时期的某些经历如何对他们产生影响。基于这种普遍存在的信念，那些想要与自己的过去重新联结的人，把注意力转向他们认为的那些重要事件发生的地方也就不足为奇了。

第四章 ——

存在之地

一九八二年，约翰尼·卡森（Johnny Carson）还是毫无争议的夜间电视之王，美国全国广播公司（NBC）在黄金时段播出了一部名为《约翰尼回家》（*Johnny Goes Home*）的特别节目。节目除了约翰尼返回诺福克（Norfolk）的经过外并没有什么花哨的内容。约翰尼就成长在那座内布拉斯加州东北部的小镇。他开着父亲修复的一九三九年款克莱斯勒，一路上指出父亲的办公室、以前去游泳和打篮球的基督教青年会，以及兼职过的家具店。走在诺福克的街道上，他拜访了自己买第一辆自行车的地方、以前常去理发的理发店，以及一家一元店，他曾因为偷一枚特别便宜的戒指而被那家店的经理抓了个现行。节目还展示了约翰尼的高中以及他在河边的"秘密藏身所"，他以前常在那里游泳、钓鱼。

当然，节目也展示了他以前的家，现任房主的儿子带领约翰尼和电视观众在里面参观了一番。令约翰尼高兴的是，那个地方几乎没有什么变化。他指出了父亲建造的壁炉和过去放大型收音机的地方，还躺在地上演示了他过去是如何听杰克·本尼[1]和其他喜欢的节目的。看到他和兄弟共用的房间让他想起了过去常常在卧室窗外扑腾的鸽子。在车道上投篮的人让他想起了他以前是如何在内布拉斯

---

[1] 杰克·本尼（Jack Benny，1894—1974），美国喜剧电影演员、广播家。

加洲寒冷的冬天在车道上铲雪的。

我发现这期节目最引人关注的地方是，NBC 的节目制作人认为约翰尼·卡森参观童年故居的节目会是一档好节目。事实上，确实有数百万观众收看了节目。当然，约翰尼·卡森是位名人，每晚都会给数百万美国家庭带来欢笑。但在这期特别节目中，约翰尼一个笑话都没讲。他是在进行一场个人之旅，而不是在娱乐大众。那么，节目的吸引力究竟在哪里呢？约翰尼是这样解释的：

> 我想每个人都会有一点思乡之情。尤其是当你对自己的早年生活有美好的回忆时，我就是如此。你想参观那些古老而熟悉的地方，拜访以前的同学。回到那个给了你人生方向的时代，哪怕只是一小会儿。要知道，在这个飞速变化的世界，我想人们回家所寻找的就是一种与永恒不变之间的联系，一种归属感。

约翰尼·卡森对童年的回忆和体验在很多方面与其他那些参观童年旧居的人相似。受访者向我们描述了情感上的吸引、记忆的回归，以及发现熟悉事物的喜悦。他们谈到独特的声音和气味、土壤和树木，以及重新与过去建立联结的满足感。他们的许多故事将在接下来的三个章节中呈现。这里，让我们首先探讨一下人们为什么会进行这样的旅行。

回家的理由

正如第一章所述，无论我采样调查的是哪个地区，我发现三十岁以上的美国人中大约有三分之一的人都曾特意拜访过他们的童年旧居，以便再亲眼看看他们年轻时生活过的地方。为了更好地了解这一现象，我采用了一个相当简单的方法。简单来说，我请人们描述他们的经历。我和我的研究助理总共采访了一百多个进行过这种旅行的人。我们录制了采访内容，然后分别听录音，记录并计算我们认为具有心理学意义的陈述。我们也保持开放，倾听那些我们可能没有预见到的见解和观察。

大多数情况下，我们让参与者自己讲述他们的故事。但我们也准备了一份我们想要探讨的问题清单。如果在采访结束时，参与者还没有自己提到这些问题，我们就会问。这些问题中最主要的就是他们为什么要进行这次旅行。

回顾访谈时，我和我的研究助理很快就确定了受访者回到童年家园的三个主要原因。尽管有些人提到了不止一个原因，但我们还是能够很容易地将大部分受访者归入这三个类别中的一类。其中占比最大的一类，我们称之为"情感联结"类。这一类人将这次旅行描述为一个与过去建立心理或情感联结的机会。他们在我们的受访者中占比约为百分之四十二；第二类我们称之为"当前问题"类。被归为这一类的受访者回到童年家园是为了解决他们当前生活中所面临的问题。这类人占我们样本数量的百分之十五;最后,百分之十二的受访者被归入了"未尽之事"这类。这一组受访者回到旧居是为了解决童年时期遗留下来的问题。

在将受访者进行归类时,我们决定采用更为排他的策略而不是包容性策略。也就是说,我们只将"纯粹"的案例纳入,而不是因为受访者似乎属于某个类别,或者我们不知道应该将他们归入哪里,就将其归入某个类别。由于采取了这种策略,百分之三十一的受访者没有被归入这三个类别中的任何一个。尽管这些个体表达了与已分类受访者相似的感受和见解,但我们还是决定研究更加清晰的案例,以便更好地理解让人们回到童年旧居的三个主要原因。

本章关注那些主要为了与过去建立联结而回到童年旧居的人。这些受访者使用了各种各样的词句来解释他们回访的原因。在我们没有进行提示的情况下,很多人都用到了"联结"或"联系"来描述这次经历。以下是一些例子:

> 看到一切都保持不变时,人们会有一种安全感、保障感。有时候,回去,你就会与那个地方产生联结,这会带给你一种恒久绵长的感觉。
>
> 你知道孩子们是如何在桌子上或树上刻下自己的名字来证明自己曾经来过的吗?我觉得这也可以归结于:我来过。你想感受到你曾经在那里,你真的存在过。那是很久以前的事了,有时你会忘记。

随着年龄的增长，你自然会想起五十年前的事情是怎样的。那不是我生命中特别愉快的时光，但那是一个充满回忆的时期。你想要回忆起那些事情。你想感受到，那些都是你生活的一部分，即使那时候你还是个孩子。

这次旅行就是与过去的联结点，也是未来的起点。在忙碌的日常生活中，你有时会忘记自己的来处与去处。这次旅行帮我重新与这一切联系起来了。

在这里，我可以比在其他地方更好地触及我的童年。我把童年一直珍藏在心里，直到我再次回来。

起点：与过去的失联感

在某种程度上而言，那些被归入"情感联结"类的人都是在感受到失去了与过去的联结后决定回访童年旧居的。少数情况下，受访者在旅行之后才明确地知道是什么激发了他们旅行的动力。他们谈到感觉自己思乡情切，或者有种模糊的渴望，想要看到那些老房子和旧街区。但是，我们的大多数受访者在出发之前就清楚地意识到，他们已经与自己身份认同的一个重要部分失去了联结，并认为回访童年旧居至少可以缓解部分不安的感觉。

最常见的是某个单一事件触发了这种意识。一名男子打开邮件，发现是一个高中同学二十周年聚会的同学录更新册。他没有参加这次活动,但很想知道以前的同学们都发生了什么。然而,当读到每个人各不相同的人生轨迹时,他感到自己与曾经的朋友圈越来越疏远。他离家上大学,搬了几次家,如今距离自己的家乡三千英里之遥。这名男子从满是灰尘的壁橱角落里翻出他的高中同学录,翻到了自己那一页。读到自己的活动和奖项时,他意识到自己对这名高中毕业生的感觉并不比对同学录中其他任何人更为亲近。几天后,他计划了一次旅行。

这种脱节感悄然出现在我们的许多受访者身上。多年来,他们从未想过要回访以前的家,但突然,这种渴望就变得势不可当。当然,长久以来,这些人与童年的联系纽带已经变得日渐薄弱,但直到偶然发现一封旧信或一张旧照片时,他们才突然意识到有些东西已经缺失了。这种经历与心理学家对记忆力的了解是一致的。我们大多数人对自己记忆力的认知远比实际的情况好。我们以为自己对过去的事件和地点有着清晰的回忆,但当我们被迫回忆具体的信息时,才发现最多只能回忆起模糊的一点。

一名受访者在做家谱课的作业时意识到了这一点。老师要求她画出小时候住过的房子的平面图。尽管已经三十二年没有见过那座房子,但发现自己已经忘记了家具放在哪里,甚至忘记了一些房间的位置时,她还是感到很沮丧。听了这个故事后,我请我的五个朋友尝试做了同样的练习。他们都有二十多年没见过自己的童年旧居了。尽管他们认为这项任务很简单,但五个人中有四个人发现他们的记忆中存在着显著的空白。其中一个女士记不起通往后院的门在哪里。另一个朋友不记得房子里有几间卧室。就像家谱课上的那名女士一样,我的朋友们也觉得这些记忆空白令人不安。

一些案例中,受访者在碰巧经过他们的老街区时发现了这种联结缺失的情况。一名男子在去新泽西出差的路上途经他的家乡。他偏离了计划好的路线好几英里,开车绕道经过他已经二十三年没有见过的房子。首先让他感到惊讶的是找到这个地方有多难。他的整个童年时光都在探索这片街区,但在找到前往旧时住所的路之前他先走了几次弯路。接下来他惊讶的是自己忘记了多少东西——房子前面的红砖墙、遮蔽了整个前院的榆树,以及他的卧室窗户其实是面向街道的。两个月后,他特意策划了一次旅行,好进行更仔细的观察。

另一名受访者是在关岛长大的,二十岁时搬到美国大陆。九年后,他回到岛上参加父亲的葬礼。像很多二十几岁的人一样,他很少想到自己的童年家园。但是,当飞机接近那座岛屿时,他整个人立刻被情感淹没。"我看着窗外,开始看到下面的灯光,泪珠就止不住了。我说:'哇!到家了。'我独自哭泣着。回来真好,有一种解脱的感觉,就像卸下了肩上的重担。只是待在那里就让我感觉很舒服。"

普利策奖得主、作家、剧作家威廉·萨罗扬(William Saroyan)描述了他的一次类似经历。萨罗扬一生中的大部分时间都旅居在包括旧金山、纽约和巴黎在内的各大城市。六十多岁的时候,萨罗扬写下了《我度过时光的地方》(*Places Where I've Done Time*)一书，这是一本回忆录，记述了他有着特殊记忆的六十八个地方。其中一个短篇讲述了他决定搬回加利福尼亚州弗雷斯诺的事，他在那里度过了小学的大部分时光：

> 一九六三年，经过长时间的旅居，我觉得回到我的家乡应该是个不错的主意。我的出生地是弗雷斯诺，我想去感受很久以前在那里感受过的悠闲夏日。事实上，从一九一五年到一九二六年——我生命中非常重要的十余年都是在那里度过的。我开着一九五九年在贝尔格莱德买的一辆红色卡门吉亚（Karmann-Ghia）小型车从旧金山一路过去，最后把车停在了距离市中心不远的一个地方。我四处走动，看着那些多年未曾见过的地方。我没有去酒店或汽车旅馆，因为我不确定自己是否想在那里待上超过一个小时……天气很热。我找了一个有冰镇根啤的地方。蜜蜂飞来飞去，落在用来装根啤的大木桶的龙头上。就这样，我决定了。泡沫丰富的冰镇根啤的风味让我决定了，或者至少在某种程度上让我决定，这种热度就是我的，我应该再次体验一下。

第二天，萨罗扬就在弗雷斯诺买了一栋房子（事实上是两栋，因为"隔壁那栋房子的平面布局似乎也很好"），两周后，他就搬回了他的家乡。

成功的故事：与过去重新联结

在让受访者描述他们的经历后，我们提出的第一个问题便是："你认为这次旅行成功吗？"尽管很多人都说自己感受复杂，但绝大多数受访者认为，这次旅行令人满意，他们有所收获。在建立联结组，有百分之八十三的人表示他们很庆幸自己进行了这次旅行。当我们注意到他们平均已经有十八年没有回过童年家园，而且大多数人只在那里停留了一两天时，这个数据就格外引人注目了。

人们到达后的行为也为我们探寻他们此行的目的提供了线索。当然，每个人拜访旧居的焦点都是他们儿时住过的那栋房子。但几乎没有人就此止步：在建立联结组，百分之七十九的人在未经提示的情况下提到他们也参访了旧时的街区。这里说的参访指的可不仅仅是"为了到达他们的旧居而开车穿过整片街区"。相反，他们会努力寻找特定的地点，或者至少会四处走走，回忆曾经住在这里的人以及这里发生过的事。很多人会寻找他们最好的朋友的家，那是一个能唤起关于放学后的冒险、留宿过夜和重要对话等记忆的地方。其他人则寻找他们最喜欢的游乐场所——田野、公园或者空地。当然，不是每个人都成长在城市或郊区环境中。有一名受访者重游了她父母农场周围的果园。另一名则去寻找了旧居后面山上的废弃矿井。尽管对大多数现在的父母来说，"矿井是这名男士小时候最喜欢的游乐场所"这种事着实有些令人不安。

在建立联结组的受访者中,百分之六十二的人至少访问了一所他们上过学的学校。除了家之外,学校可能是孩子们度过最大部分时光的地方。学校不仅是许多重要社交活动发生的场所,也是许多早年间成功或失败故事发生的舞台,其中一些事件的情感影响会一直延续到成年。尽管有些受访者只是把车停在校园外回忆往事,但大多数人还是努力走进了校园。由于许多人都是在暑假或周末参观的,所以当时并没有在上课。我们的大多数受访者都试图找到他们以前的教室。教室的门很少是开着的,但大多数房间都可以从窗户往里窥视。受访者们还去了体育馆、食堂和运动场,不少人还爬上了那些运动设施。一名男子走进了他以前高中的办公室,想要查看以前的学校年鉴,行政助理很爽快地答应了他的这个请求。

商店和企业也在许多受访者的童年中扮演了重要角色。建立联结组中,百分之五十五的人在未经提示的情况下提到去拜访了某个商店或企业。杂货店是最常见的目的地。冰激凌店、免下车餐厅、甜甜圈店和其他用来消磨时光的地方也被频繁提及。相当多的人还点了一杯奶昔、一个蛋卷冰激凌或其他年轻时最爱的小食。

在建立联结组的受访者中,百分之十四的人说他们拜访了墓地,这是一个非常适合他们当中许多人所寻求的那种反思的地方。被不止一名受访者提及的其他地点还有教堂、图书馆和电影院。有几名受访者还特意去拜访了他们工作过的地方,但更常见的情况是,那家商店或企业早就已经不存在了。

除了这些常见的目的地,许多受访者还会去寻找那些对他们来说有特殊意义的地方。一些人回到了童年时取得某项成就的地方。少数情况下,他们去的是他们获得公开认可的地方,比如举办拼写比赛的舞台或赢得冠军的足球场。但更常见的情况是,我们的受访者对私人成就更感兴趣。一名男子回到了他学会游泳的游泳池。当时与他同龄的男孩女孩们早就学会了在游泳池的深水区游泳,而他还怕水。最终,他成了高中游泳队的一员。另一名受访者在整个童年时期都深受害羞的困扰。在他高中的第一年,一名老师说服他加入戏剧社。这次经历改变了他看待自己的方式,所产生的影响比他的老师所能想象的要深远得多。这名男子之后还去纽约学习表演,虽然最终他转行成为一名药剂师。几十年后,他回到母校,走上熟悉的舞台,看着空荡荡的礼堂,他仍然感觉情绪激动。接受访谈时他六十九岁。退休后,他就回到社区,在社区出品的舞台作品中继续表演事业。

一名受访者童年时期最生动的记忆是在新泽西的一个社区公园里度过的夏日下午和傍晚,他和他的朋友们会在那里打棒球。每当因商务旅行而经过附近时,他就会安排足够的时间去参访老街区,尤其是那个老球场。"我就走在过去打游击手的球场上。"他解释说,"在二垒和三垒间来来回回,飞扬尘土,或者蹲下来假装我在接平飞球。"

一些建立联结组的受访者谈到了他们在这次经历中的收获以及从中得到的教训。莉迪亚对她在加利福尼亚州中部长大的那座房子没有任何幻想,那房子一无是处,基本就是个还算合格的住处。从六岁起,直到二十一岁离家,她和父母一直住在她祖父母的农场里。那座房子原本是一间鸡舍，没有暖气，也没有室内管道。没过多久莉迪亚就看到了其他孩子的家，并为自己所住的地方感到羞愧。她太尴尬了，从不敢邀请学校的朋友过来玩。

三十年后，莉迪亚和丈夫、儿子住在一座舒适的房子里，这时她突然意识到，自己想再去看看那座老房子。这种想回去看看的欲望很强烈，但又令人困惑。"我决定要回去，但不知道自己想要去做什么。"她说，"我知道我想通过看到那个地方来满足某种需求，但我不确定那是什么需求。"

于是，莉迪亚和家人开车回到了她祖父母曾经拥有的那座农场。不出所料，那个由旧鸡舍改造而成的房子已经不复存在了。新业主似乎还记得，房子是几年前被烧毁的。不过业主允许莉迪亚在那周围转一转，于是她就带着家人在那里寻找起了过去的痕迹。她首先发现的是一片熟悉的树林，然后是曾经流经老房子旁边的沟渠的一部分。凭借一些残存的地标和记忆，莉迪亚在房子曾经所在的地方画出了一个轮廓。她把家人们聚集在空地上，和他们分享随之而来的童年记忆。

没能找到原先的房子确实令人失望，但也不出人意料。然而，站在童年时的家所在的地方，莉迪亚忽然明白了为什么要做这次旅行。她需要重新感受在如此贫困环境中长大的感觉。从那天起，她不再把自己的背景视为耻辱，而是视为一种骄傲。她意识到，她想要带家人一起去，是为了向他们展示她走了多远，以及她在生活中取得了什么样的成就。

一个意外发现：树

和许多作家以及历史学家一样，洛伦·艾斯利（Loren Eiseley）也体验过回访童年故居的冲动。艾斯利等了六十多年才回到他在内布拉斯加州长大的那个小镇。但吸引他回来的并非某座房子或某个街区，而是一棵树。六十多年前，艾斯利和他的父亲在前院种下了一棵白杨幼苗。"儿子，我们把树种在这里吧。"父亲说，"等你老得不成样子了，就可以坐在树下回想一下，当年你和我如何一起在这里种下了它。"

事实证明，艾斯利对白杨树的依恋绝非个例。我们刚开始和人们谈论他们的回访经历时，我和我的研究助理就在我们听到的故事中发现了这个共同的主题。我们没有进行任何提示，但人们一个接一个地提到了树。许多人描述了他们街区公园里生长的树木，或者旧居附近山上的树木。但更常见的是，他们提到了童年时特别珍视的某棵特定的树或一片小树林。分析访谈录音时，我们发现，百分之五十六的受访者在谈到他们的回访经历时，都自发地提到了树。

为什么会这样呢？在听了我们的受访者描述他们童年时的树木后，我们找到了几个可能的答案。首先，树木是相对长寿的。一位历史学教授曾告诉我，我办公室外的枫树已经有超过两百年的历史。曾经居住在这片地区的美国印第安人在这些树的树荫中散过步，就像我工作的这所大学的创立者们与这所大学历史上的几乎每一位教授和学生一样。除非发生生态灾难,否则这些树会在我退休很久之后依然屹立在这里,供学生们在树荫中漫步。人们回访童年旧居时寻找的往往就是这种恒久、绵长的感觉。他们想要获得某种保证,即他们曾经生活和玩耍的地方仍然具有某种实体存在,尽管他们的童年如今已仅存在于记忆中。我们都知道朋友会长大离开,父母会变老去世。但知道我们曾经攀爬过的那棵树仍然矗立,并将继续矗立,在每个夏天结出同样的果实,在秋天落下同样的叶子,这也会让我们感到满足。

其次,树木的某些特质使它们特别适合成为一种象征。作家和诗人用树木来象征生命、家庭、力量、自然和其他无数概念。我们可以合理地推测,孩子们也会从象征的角度看待树木,即使他们并不总是能意识到这种关联。一名女士承认,她卧室窗外的苹果树曾经就是她心目中安全和保障的象征。小时候,那棵树就经常为她提供平静的感受,以抵消那充满压力的家庭生活。那棵树甚至还充当了她从二楼房间开溜的通道,因为从前门走意味着要与父母打招呼。"只要那棵树还在那里,我就知道我会没事的。"她说,"我知道,无论家里的情况多么糟糕,事情总会有另外的一面。总会有一个宁静而安全的地方在那里等着我。"

第三,由于树木的物理特征显著、美丽且易于接近,树木经常与美好的童年回忆联系在一起。如第三章所述,树屋经常成为孩子们发展个性和独立性的一个特别而私密的地方。有时,就像散文家洛伦·艾斯利一样,树木在亲人的见证下被庄重地种下。一名受访者在看到童年时家门前的那棵大冷杉树时特别激动。他已经有五十多年没有回过这个地方了。"我和姐姐小时候就种下了那棵树。"他说,"而现在,它已经长成一棵高大挺拔的冷杉了。我满脑子想的都是我姐姐,她如何在那所房子里长大,并在小镇上度过了她的一生。"那个姐姐几年前去世了,但这名男士感到心满意足,因为他看到和姐姐一起种下的那棵树仍然像纪念碑一样,矗立在他们共享童年时光的老木屋前。

拾起一段过去:纪念物

我们的大部分受访者都需要多次回到他们的童年家园才能完全满足与过去联结的需求。访谈进行时,许多人已经回去第二次(或第三、第四次)了。事实上,在建立联结组中,百分之七十三的受访者都表示,他们要么已经多次回访了儿时的居所,要么希望有一天还能再回去。

但是多次回访或期望某天还会回去对许多人来说并不足以满足他们对联结的需求。我们的一些受访者需要有形的、具体的物品来唤起他们对童年家园的记忆。受访者中,百分之二十二的人在第一次出行时带了相机。一些人在接受访谈时还带来了他们的照片,就像骄傲的父母急切地想向别人展示孩子的照片一样。其他人说他们后悔没有带相机(这些旅行大多数发生在手机拍照功能普及之前)。

他们发誓下次一定会带上相机。

许多人在返回时确实带回了一些来自童年家园的物品。一名男士从他曾经和兄弟们打篮球的那条车道上带回了一块混凝土碎片。另一名受访者则从曾经立在房子前面的邮箱上带回了一面生锈的旗子。还有带回油漆碎片、砖块、树皮和石头的其他受访者。有几个人带回了一点泥土。一名女士在她的桌子上放了一个小玻璃罐，里面装满了她以前后院里的土。"有时候，只是把它倒在手掌里，我就会感觉好多了。"她说，"感觉就好像亲身接触到了那个地方。"就像人们会保留度假、婚礼和体育赛事中的纪念品一样，这些实体的纪念物似乎也为我们的受访者提供了一种兼具象征性与实在意义的联结。

重返童年旧居：寻找创意灵感的源泉

小说家经常把故事设定在自己生活过的地方，通常是他们的家乡。这种选择的一个明显理由是，他们在遵循一条经常被引用的建议——"写你知道的。"但与作家们的交谈表明，他们选择这些地方往往还有其他原因。作家，特别是小说作家，对观察、探索人类在不同情况下的处境怀有特别的兴趣。如果我们把童年旧居看作自我的延伸，那么小说家的家乡可能就是了解那些形成他世界观的事件的理想地点。

在普利策奖得主迈克尔·查邦（Michael Chabon）职业生涯的早期，我问过他为什么选择匹兹堡作为他前两部小说的背景。他解释说，这个选择不仅仅是因为方便。

> 我认为我选择匹兹堡是因为那是我成长的地方，身体上、情感上、性生活上等都是如此。《匹兹堡之谜》(*Mysteries of Pittsburgh*)（我的第一部小说）的背景就设在那里，因为这是一部关于成长的小说。《天才少年》(*Wonder Boys*)的背景也可能是那儿，因为……我需要退回到一个熟悉的地方。……我花了四年半的时间写了一本故事发生在巴黎和佛罗里达的书。那本书始终没有完成，那次经历给我留下了阴影，我想我需要对匹兹堡的熟悉感。

另一名普利策奖得主威廉·斯泰隆（William Styron）也通过将他的小说人物置于熟悉的背景而找到了新的灵感。在停止发表小说十五年之后，斯泰隆创作了《泰德沃特之晨》(*A Tidewater Morning*)。正如书名所示，这部作品的背景设在斯泰隆成长的弗吉尼亚州泰德沃特地区。他这样解释自己的选择——

> 我一直觉得，作为一名作家，我总是被自己的根源所吸引，即使我所书写的主题远离家乡，或者与那个地区毫不相干。我认为作家往往深受其根源的影响，并且有那种被根源所

吸引的倾向，因此我总觉得，我的大部分作品都有我大约前二十年生活的反映。

在第三章，我提到了伊迪丝·科布的观点，即进行创造性思维的人经常会去寻找他们童年时期常能体验到的那种对世界自发的、充满好奇的视角。虽然科布从未主张要回到童年家园，但我的研究表明，从事创意工作的人士可能会从这种体验中获益。来自以创造力著称的人的事例证据也支持这一结论。

每隔几年，伍迪·艾伦（Woody Allen）就会前往他在布鲁克林长大的街区。他的司机会在几个街区外的一条小路上停车等候，而这位著名的演员兼导演则开始他的步行旅程。这种旅行帮助艾伦保持了他与童年的强烈联系。正如他告诉一名传记作者的那样——"随着年龄的增长，我的生活与童年的联系比大多数人都要更加具体。在我的脑海中，站在队伍里准备进入学校大楼仿佛就在昨天。不仅仅是我对它的记忆就像发生在昨天一样，那种感觉也是。那绝不是古老的历史。我感觉自己仍处在那段经历中。"

在伍迪·艾伦的两部电影中，主角们也访问了他们长大时的家。在《安妮·霍尔》（Annie Hall）中，这次旅行带来了一丝怀旧之情，还有一丝幽默。在《罪与错》（Crimes and Misdemeanors）中，访问是主角试图应对当前生活危机的重要一步。我们将在下一章中讨论出于这种原因而拜访旧居的人。

已故剧作家奥古斯特·威尔逊（August Wilson，又一位普利策奖得主）将他的戏剧作品《黑车》（*Jitney*）的成功归功于他重返儿时居住的匹兹堡街区时所获得的灵感。也许这并不是巧合，威尔逊的大部分戏剧都以他成长的街区及其周边地区为背景。对《简·皮特曼小姐自传》（*The Autobiography of Miss Jane Pittman*）和《死前一课》（*A Lesson before Dying*）的作者欧内斯特·盖恩斯（Ernest Gaines）来说，参访他的童年家园不仅仅能激发灵感，也是必须的。盖恩斯在路易斯安那州的一个农村度过了人生的前十五年。作为一名黑人，在二十世纪四十年代末搬到北加利福尼亚州逃避南方的种族主义对他来说是一件值得庆幸的事。他和家人以前住过的奴隶居所早已被拆除，但他保留了一张小屋的照片，挂在旧金山公寓的墙上。如今，盖恩斯是一位备受尊敬的小说家，也是美国国家书评人协会奖得主。但在二十世纪六十年代初，他也曾是一名名不见经传的作家。就是在那时，他意识到自己需要做什么——"我一直在努力成为一名作家，并为之不断奋斗，且从未回过南方，回到我努力创作的源泉。我不想这么做。但是我最后还是回去了，在那里待了六个月，我认为这挽救了我的……写作生涯。"

盖恩斯的小说是在他位于旧金山的公寓里写就的，但他写每部作品都以一个虚构的路易斯安那州甘蔗种植园为背景，而那个种植园与他出生的那个种植园十分相似。在他的整个职业生涯中，盖恩斯经常回访他的童年家园，甚至一年去两次。他会带着相机去，在写作时有时会看这些照片。"一个作家可以写就一个特定的时期，仅此而已。"盖恩斯曾对一名记者说："我的灵魂，我的精神家园，就在路易斯安那……我总是回到那里，与此同时又希望自己从没有那么做过。"

与他人分享经历

在与他人互动时，我们需要做出的重要决策之一就是决定透露多少、透露哪些关于自我的内容——心理学家称之为自我暴露。大量研究发现，我们通常都以有选择性的方式来披露个人信息，也就是说，我们会和刚认识的人随意谈论一些肤浅的话题，但对更私密的话题——恐惧、梦想、不安全感——则只会和亲近的人分享。研究人员在查看陌生人之间的对话时发现了一种倾向，即对话通常以"安全"的话题开始，比如电影、运动和那个老掉牙的万能话题——天气。但随着对话的继续，人们会逐渐转向更私人的话题，也许还会谈论让他们担忧的事情或者希望自己改进的某些方面。

亲密关系的发展也在以类似的方式进行。第一次约会的话题包括工作、喜欢的演员和假期等。但是，随着两个人逐渐了解和喜欢上对方，人们会期望对方能够舒适地分享个人经历和感受。事实上，不分享个人信息会破坏关系的健康程度。我们向喜欢的人透露私密信息，而分享私密信息通常也会加固人与人之间的纽带。因此，将关系推向更深层次的一种方式就是分享私密的想法和感受。研究人员还发现，女性自我暴露的频率往往高于男性。这种性别差异与其他研究的发现一致，即在美国，女性往往比男性更关注人际关系和社会亲密度。

如果我们把童年家园看作自我的延伸，那么与他人一起重返这个家园也可以被视为一种自我暴露行为。向亲近的人展示你曾经生活的地方，并分享这次重返童年旧居所唤起的故事和记忆，是揭示自我重要部分的一种有效方式。

不过令我惊讶的是，有那么多的受访者都在拜访童年旧居时带了同伴。由于这种体验类似人们通常独自进行的那种自我探索，我原本预计绝大多数人会独自旅行。然而，在我们的受访者中，超过一半的人在第一次重返童年旧居时是一个人，而百分之四十八的人都带了同伴。当我分别查看那三个类别时，一个更有趣的现象出现了。那些主要是为了处理当前生活中的问题而重返的人中有百分之六十七是独自出行的。同样，为了完成童年未尽之事而重返的人中有百分之六十三也是独自前往的。因为这两类人都需要处理个人问题，这个数字和我预期的相近。

相比之下，拜访童年旧居的主要目的是与过去建立联结的人中有百分之六十二都选择了带上同伴。大多数情况下，同伴是配偶或子女，但也有人带上了兄弟姐妹、男朋友或女朋友、父母或孙辈。此外，有几名独自进行首次旅行的受访者选择在随后的旅程中带上同伴。与对自我暴露的研究结果相一致，女性比男性更有可能分享这种经历。在建立联结组，百分之六十九的女性带上了同伴，而这个数字在男性中是百分之五十六。

大多数与配偶或恋人一起旅行的受访者都谈到与对方分享重要的东西。一名女士带着她的新婚丈夫去看她成长的爱达荷州小镇。"我对他了如指掌，但他并不了解我的背景——我成长的地方之类的事情。"她说，"现在，当我谈论起我过去的事情时，他就知道了。那次旅行后，我感觉和他更亲近了。"

某种程度上而言，带心爱的人一起就像是容许那个人阅读自己的童年日记。站在曾经居住过的房子前，有关与父母和兄弟姐妹关系的对话就会自然而然地展开。看到以前的校园或走过儿时的秋千架可能会触发有关童年时恐惧和成就的讨论。在少数情况下，这趟旅行就像是对新任男/女朋友的一种考验。一名女士解释道："我想看看他在看到我来自哪里后是否还会爱我。"

几年前，一名研究生在我就此话题发表演讲后，一直等到人群散去后才来找我。他想告诉我他和女朋友最近去东海岸的那次旅行，旅行的目的是要向她展示他的家乡。他带女朋友去了他住过的房子、上过的学校，以及童年时的一些有特殊意义的地方。那天晚上，他们坐在一块俯瞰大海的巨石上，那是他年少时度过无数时光的地方。"必须让她看到我的过去，而不仅仅是听说。"他说，"这样她才能真正了解我。"夕阳下，他向她求婚了。

许多受访者会带上子女去看他们以前的家，还有很多人表示他们计划下次再去时带上孩子。这些人中有相当一部分都谈到了建立一种代际联结的感觉。一名女士担心她的孩子们搬家太频繁，没有一个可以称之为家的地方。因此，她带他们去看了她父母以前拥有的房子,以及她祖父母之前的房子。"因为他们搬过很多次家,也许可以让他们把这里视为跨越几个世纪的家园。"她说,"我希望他们能有与家族及家族历史相联结的感觉。我告诉他们:'这也是你们的一部分。'"

并不总是成功的旅行:当事情发生改变时

虽然受访者中的大多数人都很高兴地发现他们的童年家园和社区的一部分仍然保持原样,但几乎所有人都注意到了一些变化。对旁观者来说,这些变化中的相当一部分可能看起来微不足道,比如房子用上了不同颜色的装饰,或者花园里种了跟之前不一样的花。另一些情况下,这些变化则更为显著,比如加盖了一间房,或砍掉一棵你所珍视的树。无论这些变化是出于审美考量还是出于实用性改造,受访者几乎都认为这些变化并没有让情况变得更好。

许多人失望地发现他们的旧居和周边社区随着时间的流逝已经衰败。他们提到了未粉刷的建筑、倾斜的篱笆、杂乱的庭院和随处可见的涂鸦。在一些案例中,这种失望可能只是证明了记忆的不可靠。孩子们通常不会注意到房屋和花园保养得好不好,像剥落的油漆和高高的杂草这样不愉快的细节很少出现在我们童年的记忆中。但在很多案例中,许多社区确实是衰败了。德里克在三十二年后再次见到老学校时的情景下就特别伤心。

这所小学没有我记忆中那么大,而且它看起来也不太好。我记忆中的操场很大、很宽敞、很漂亮,但实际上操场很小,还被又高又大由铁链连接的围栏给围了起来,围栏得有十到十二英尺高。操场的一半是水泥地,另一半是砾石地,这也让我无法理解。你不能像我们以前那样在课间休息时去砾石地玩游戏了,而且前面以前有一个大露台,四周还环绕着走廊,现在都消失了。以前还有些巨大无比的梧桐树,现在也都不见了。前面简直乱成一团,以前很漂亮的。

菲尔和妻子搬离家乡后就再没回去过,那时他刚二十出头。五十五岁时,他接到儿子的电话,说自己刚刚出差去了那附近。儿子告诉他,那片社区和他听父亲说过的完全不一样。菲尔的妻子出城了,他也有几天空闲时间。于是,他买了张机票,很快就踏上了前往纽约的旅程。他在老街区里四处漫步,把看到的东西和记忆中的景象进行比较。

这里以前是镇子的中心,我小时候在这里的一家 A&P 食品市场工作过。市场已经关闭了,变成了一家家具店。事实上,我所了解的这个地区——购物中心所在的地方——已经变得破败不堪。迈克理发店关门了。我小时候就在那里剪头发。我的大儿子第一次剪头发时,我也带他去了那里。现在整个店都封了起来。街对面是伯特利森的冰激凌店,我高中时在那里工作过。那家店是一个德国老头开的，里面非常整洁、闪闪发光。你一走进去就感觉一切都散发着光芒。老头自己制作冰激凌和糖果。我刚一看到街对面就说"这家店肯定不是他的了"。因为那里看着有点脏。于是，我穿过街道，走进店里，和店主聊了聊。他说伯特利森先生刚去世几年，我对此有所怀疑，因为他那时候就已经相当老了。我吃了一个冰激凌甜筒。冰激凌仍然很好吃。但我还记得我为他工作时的情况。每天晚上十点半关门后，我们都要擦洗地板。所有的柜台都是不锈钢的。你必须用氨水和热水把柜台冲洗干净。还有所有的镜子。每天晚上都要。而我觉得现在这个地方已经一个月没有打扫过了。

几乎所有发现自己以前的家和街区发生了巨大变化的人在离开时都带着复杂的情绪。尽管这些受访者中的大多数人找到了足够多的回忆让这次旅行值得，但他们还是无法抑制那种失望悲伤的情绪。这种反应并不令人意外，原因主要有以下几个。首先，由于昔日家园和街区的遗迹与他们的期望大相径庭，许多受访者发现当下很难与他们记忆中的过去相联结。大多数人所经历的那种回忆洪流对那些家乡已经变得几乎认不出来的人来说更像是一缕涓涓细流。许多珍贵的童年记忆仍然被深深埋藏。

其次，如果人们将过去的处所视为自我概念的一部分，那么家园或校园变得不再是记忆中的样子同时也是一种个人损失。不止一名受访者将他们的反应与为所爱之人哀悼时的感受相提并论。"这很令人难过。"一名女士说,"因为你看到你生命中的一部分已经消失了。如今那个你曾称之为家的地方已经不再是家了。这就有点像一个失去国籍的人。我没有地方可以联结回溯了。"

发现童年家园已经改变可能会令人不安。发现那个家园已经不复存在则可能会令人痛心疾首。不幸的是,这正是我们的一些受访者的经历。大多数人发现这种情况后都变得情绪低落。一名男士解释说:"我宁愿不知道。只要我相信房子还在那儿,我就觉得只要我愿意,随时都可以回去。如果能这样想就好了。现在呢,只要一想起我的家和童年,我就感到一股巨大的情感空虚,就好像有什么东西不见了,好像在我心里开了一个洞。"

再看劳伦斯的例子,他最美好的童年记忆都集中在六岁到九岁期间在俄勒冈州的房子里生活的时候。在那之前,他四处搬家,时不时和祖父母一起生活。但有一天他父亲回来了,他们两个人在接下来的三年里都住在他记忆中的那个特别的地方。"我想再看看那所房子。"他说,"我有那么多快乐的回忆。那三年非常稳定,有无数美好的经历。比如摔断胳膊,我从自行车上摔了下来,你懂的。所有对孩子来说美好的经历。蝙蝠侠漫画书。一切都很好。"

三十年后,劳伦斯感觉有必要再去看看那所房子。这个决定是在他离婚一年后做出的,同时也是在他父亲去世几个月后,这可能也不是个巧合。他考虑过辞掉加利福尼亚州的工作,搬回俄勒冈州。他想找回一些童年的东西。但是踏上旅程后,他失望极了。"家已经不在了。那里变成了一块空地。树被砍倒了。所有的房子都不见了。只有街道还在。我陷入了深深的抑郁。这次经历太令人沮丧了。比你能想象的要沮丧得多。我受不了。"

劳伦斯立刻离开了现场。没有了那座房子，他就没有理由再游览这个社区和整片街区了。他住进附近的一家汽车旅馆，并在那里度过了那一周的剩余时光。原本这应该是一次发现之旅，是与生命中最快乐的时光重新建立联结的一周。然而，最终却变成了幻灭和沮丧的一周。

幸运的是，并非所有关于家园不再的故事都有如此不愉快的结局。詹妮弗童年时最喜欢的地方是新英格兰的乡村，她和家人每年夏天都会去那里。她的家人在那里拥有两座房子，位于一个小湖旁，通过一座桥相连。不过，詹妮弗在三十三年后再一次回到那里时，两座房子都已经不在了。只有那座曾经连接两栋建筑的桥仍然屹立。那片土地已经被卖给了州政府，并被改造成了一个公园。

詹妮弗很失望，但她与过去建立联结的决心要远超过那种沮丧。她和丈夫在那片土地上漫步，并根据记忆重建起那里的风景。她认出了许多树木，并指出了自己曾经埋葬过一只豪猪的地方。找得越多，她的发现就越多。

我四处寻找那些对我个人有意义、仍然存在的东西。我记得我们有一株大黄，每年夏天我们都会用大黄茎来做不同的甜点。我去找了，大黄还在那里。还有其他一些我过去的遗迹：

有我们徒步去取邮件的邮箱,还有奶奶种的鸢尾,以及爷爷的小苹果园。

最大的收获在她发现的一堆垃圾中,这些垃圾显然是在拆房子时被丢弃的。她翻遍了废墟,找到了一只白色的马鞍鞋。詹妮弗毫不怀疑这只鞋是她小时候穿过的。尽管不如找到她希望参观的房子那么令人满意,但这只鞋为她提供了她所寻求的联结——童年时快乐夏天的实物痕迹。她称之为"恒久之物"。自然,她把这件宝贝带回了家。

散文家洛伦·艾斯利等了六十年才去寻找他和父亲在内布拉斯加州家中种下的那棵树,他同样要面对这种失望。他发现,他长大的那座房子仍然完好无损,但他和父亲种下的那棵杨树已经无影无踪。

我紧握住篱笆,强迫自己再看一眼。一个眼神犀利的男孩骑着三轮车慢慢来到我身边。

"看什么呢?"他好奇地问。

"一棵树。"我说。

"为啥?"他说。

"不在那儿了。"我说,主要是对自己说的。我转身离开,速度并没有走太快,我不想让别人以为我是在逃跑。

"什么不在那儿了?"男孩问。我没有回答。很明显,与我一线相连的那个东西从未存在过，至少存在的时间不长。有些东西只能悬在空中，或者留在脑海里，因为那是我在这个宇宙里的锚点，没有它们我无法生存。我对这个地方的依恋不仅仅是一种动物性的依恋，还有别的东西，是一种对时间长河中一系列事件的精神依恋。这是我们生命的一部分。

不成功的旅行：联结与回归

被归类在建立联结组的绝大多数受访者都认为他们的旅程很有收获。这并不意味着他们只经历了积极的情感，也不意味着他们唤起的回忆都是愉快的。但几乎每个人都认为，这趟旅行很成功。当我们在访谈结束时询问他们在未来的某一天是否可能再次去拜访他们的童年旧居时，将近四分之三的受访者表示他们可能会去。

然而，我们也发现了一些值得注意的例外。有几名受访者在这趟旅行后感到沮丧和幻灭。有几个人直截了当地说，他们希望自己从未开启这趟旅行。有这种反应的人不仅是那些发现童年家园已经消失或发生了巨大变化的受访者。实际上，一些受访者尽管发现童年家园完好无损，但仍然对这趟旅行感到失望。

为什么这一小部分人的反应会与其他人截然不同？回顾访谈记录的过程中，一个答案浮现在了我的脑海中。这些感到幻灭的受访者不仅想与过去建立联结，还想要回到小时候的那种生活中去。从某种意义上说，他们想要重温他们的童年。与其说是与过去建立联结，这些受访者更想要的是逃避现在。他们每个人都在谈论他们年轻时的生活是多么好。其中大多数人将这次旅行视为搬回家乡的第一步。有几个人更是提到了搬回他们童年时住过的同一所房子的可能性。

鲁迪记忆中那个在俄亥俄州小镇上度过的童年是他一生中最美好的时光。但是十五岁时，他的父母离婚了，他和母亲搬到了加利福尼亚州。从那时起，一切都变了。他花了五年时间努力适应新环境。二十岁时，他做了一个关于家乡的梦。"那里的一切似乎都更加愉快。我在俄亥俄州比在这里更快乐，所以我想如果我回去了，也许就可以找回那种感觉。"

他买了一辆车，然后开始了那趟旅行。一路上，他都在想着如何抛开烦恼，回到童年时的那种快乐中。但刚到达几个小时，他就知道自己犯了一个错误。那里的人并不像他记忆中的那么友好。天气比他记忆中的更糟糕，而且他也忘记了夏天的蚊子。过去他和朋友们玩耍的小溪被上游的堤坝截流，河岸上的树也都不见了。

当然，被截流的小溪和消失的树木只是他所面对问题的一个象征。二十岁的鲁迪并不能像十岁时那样在河床边玩耍。他以前的玩伴现在也都成家立业，有了工作和成人的兴趣爱好。鲁迪只在镇上待了一晚。他在中西部又游荡了一段时间，去了一些小时候和家人去过的地方。最终，他没钱了，把车卖了，然后徒步回到了加利福尼亚州。

接受访谈时鲁迪已经五十岁了，那次之后他就再也没有回过俄亥俄州。然而，他告诉我们，他还是几乎每晚都会梦见故乡。访谈结束时，他似乎也意识到了问题所在。"也许是我的愿望不切实际吧。不是回到家乡，而是回到我的青春时代。"他说，"在离开那里之前，我是一个无忧无虑的男孩。有时我也在想，也许那才是我真正想要的——再次成为一个无忧无虑的男孩。"

这些感到幻灭的受访者都没有搬回他们的家乡。这或许是一件幸事，因为试图重现快乐的童年从一开始就注定是要失败的，原因主要有以下几点。首先，我们的记忆通常是不准确的。关于"美好旧时光"的怀旧遐想通常都是非常片面的。比起不愉快的经历，我们更容易回忆起童年时的快乐。对大多数人来说，用玫瑰色的滤镜来看待过去可能有益于身心健康。然而，正如那些感到幻灭的受访者所发现的那样，事情往往并不像记忆中那样——而且很可能从一开始就不是那样。其次，这些受访者似乎都很想逃避成年带来的责任和挑战。虽然把成年的烦恼抛在一边的想法有时很有吸引力，但最终说了算的还是现实。第三，很有可能的情况是，那些感到幻灭的受访者正在面对环境适应或情感方面的问题，而这些问题远不是换个居住地就能解决的。就算搬家，问题的根源也很可能会被他们打包带走，跟他们一起来到新的住地。

当然，人们也有可能在搬回儿时熟悉的小镇后过上幸福且充实的生活。我遇到过很多人，他们说自己从未失去对开阔空间的热爱，或者说自己怀念大城市的喧嚣。但这些人并没有逃避问题。那些觉得回访童年家园令人满足的人和那些感到失望的人之间的区别可能就在于：那些觉得此行有所收获的人把重新获得的归属感融入了他们当下的生活。这些人并没有逃避现实，而是用重新增强过的记忆来强化那条联系过去与现在的心理纽带。

案例研究：英格丽德

英格丽德在一个大约有五千人居住的山区小镇长大，那里当时属于德国，但现在是波兰的一部分。她家住的那座大宅有四百多年的历史，并被认定为历史标志性建筑。英格丽德的青少年时期大部分都是在第二次世界大战这个大背景下度过的。尽管如此，她的家庭仍然保持完整，她对家乡和成长的那座房子的大部分回忆也都很愉快。但战后欧洲边界的重划和政府的重组改变了一切。她的家人被迫逃离，真正的"身无长物"的那种逃离。政府没收了他们的房子和其他所有财产。二十岁时，她成了难民。

最终，她定居美国。政治形势使她很难回到家乡，甚至可以说这变成了一件不可能的事。但她从未放弃希望，认为有朝一日总会再次看到那座房子。"我们总是在做梦。"她说，"那些年我们一直在梦想着有一天能回去。总有一天我们会回去的。"这个梦一做就是四十六年。

然后有一天，她收到了一封也移民到美国的哥哥寄来的信。她哥哥发现了一个德国—波兰旅行套餐,其中有一天会在他们的家乡停留。英格丽德激动得几乎都站不住了。"但我还得等七十天。"她说,"我拿到了票,那七十天里我一直在想:噢,终于啊!过了四十六年我们终于可以回家看看了!"

跟团游的第一天他们穿越了德国,东德的破败令人沮丧。但随着大巴车驶向波兰,她看到远处的山脉在逐渐升高。"然后到了晚上,我们就来到了一片山区。"她回忆道,"我起了一身鸡皮疙瘩。不知道为什么,就是有那种感觉。他们夺走了我们的一切,但他们夺不走那些山脉。"

终于到了旅行团抵达家乡的那一天。随着大巴车距离以前的街区越来越近,英格丽德的情绪也愈加高涨。"到距离我们家的房子还有一公里的时候,我感觉头发都要竖起来了。"她说,"真的感觉很好笑。"经过近半个世纪的等待和梦想,她就要看到自己的家了。

但当大巴车转过那个熟悉的拐角,房子却不在了。"这也太奇怪了。"她说,"我们的房子不见了。他们在我们的地盘上建了大约三十座小房子。我们这儿有一个湖,也不见了。大巴车司机开得很慢,我可以看到我所有的希望——我所想象的一切——都消失了。这很奇怪。我甚至都哭不出来。四十六年了,我一直都在等待这个时刻。真是太让人失望了。"

又过了几天,英格丽德和哥哥离开了旅行团,他们自己返回那个街区去探寻遗迹。他们发现了一些新旧交融的景象。街道现在有了波兰语的名字,整个城镇也是如此。但他们有些邻居住过的房子仍然矗立在那里。探寻得越多，发现的熟悉的东西就越多。英格丽德发现了父亲以前在小溪边建造的一个小围栏，这让她特别高兴。他们走上附近的山丘，发现了小时候常去玩的洞穴，还认出了几个和他们一起长大的孩子在洞穴壁上刻下的名字。然后，他们又发现了她哥哥几十年前刻下名字的地方。

他们花了两天时间寻找过去的回忆。他们找到了祖父母住过的房子，房子已经破败不堪，但仍然屹立。他们参观了以前的小学，这是这么多年来少数几栋仍被保留下来的建筑之一。英格丽德找到了她度过小学大部分时光的教室，但因为是周日，教室门都锁着。他们去了墓地，但所有的名字都是波兰语，德国墓碑也已经被移走。尽管如此，英格丽德还是拍了几十张照片。参加访谈时她还带了一本相簿过来。

英格丽德带着复杂的情绪离开了欧洲。找到了一些童年回忆的小碎片让她着迷，但看到那么多东西已经物是人非也让她感到沮丧。此外，她始终无法摆脱一种不对劲的感觉。不仅仅是因为房子不见了，也不仅仅是因为许多东西都被改变或被重新命名了。还有其他不对劲的地方，但当时她和她哥哥都想不明白到底是什么地方。

回到加利福尼亚的家中一周后，英格丽德还在整理自己的情绪。她开始写下一些关于旅行的思绪，这些思绪逐渐扩展成更为广泛的写作，然后变成了一本不太厚的书一样的东西。有一天，在试图用文字描述小镇的样子时，她突然意识到是什么在拜访期间困扰着她。她说——

突然间,我明白为什么会有那种奇怪的感觉了。因为那里没有一棵灌木,没有一棵树。它们都消失了。写下这些的时候我一直在哭。我感到一种释然,我把一切都倾诉了出来。然后我丈夫回家了,他问:"怎么了?"我哭得停不下来,因为我知道了缘由。在那之前,我不清楚自己为什么会有那样的感觉。为什么我会如此,感到如此空虚。我们等了四十六年,但现在一切都变了。也许我们的房子还在那里就好了。

与英格丽德进行访谈时,那次旅行已经过去了八个月。在那段时间里,她通过专注于旅行中美好的部分,已经接受了失去童年家园的事实。她把自己的写作项目印成了书,并当作礼物送给了亲密的朋友和亲戚,还带了一份手稿的副本以便在访谈中与我们分享。而且她还在计划下一次旅行,这次要带上她九岁和十二岁的两个孙子一起。

第五章

成长之地

电影和同名舞台剧《故乡行》(*The Trip to Bountiful*)中的主角凯莉·沃茨有一个想要在去世前完成的愿望，就是回到她童年时在得克萨斯州邦蒂富尔一座乡村小镇上的家。杰拉丁·佩奇凭借对这名老年妇女的刻画获得了奥斯卡奖。与儿子和令人不悦的儿媳共同生活在拥挤的住所让沃茨太太的生活变得悲伤而难以忍受。经过多年的努力，她终于摆脱了家人，在善良的陌生人的帮助下前往邦蒂富尔。但在小镇曾经存在的地方，她只看到了废弃破败的建筑遗迹。尽管如此，她还是走过童年家园的遗迹，观察墙上的标记，重温起了早年的记忆。走到一个地方，她跪了下来，用手感受着土壤。儿子来接她回去时，沃茨太太让他们看天空的独特颜色，感受空气的气味以及在她和建筑消失后仍然会长久存在的那些树木。她的儿媳问她是否还计划再次逃跑到邦蒂富尔。"我已经完成了我的旅行。"她回答，"这已经足以让我余生都感到幸福了。"

尽管是虚构的，但凯莉·沃茨的经历在许多方面都与本章中讲述的人们的故事相类似。所有这类受访者都觉得自己正处于某种危机之中，或至少是处于某种决定性时刻。一些人认为他们的生活正在失控，但更常见的是他们只是感到迷茫、悲伤或失去了掌控感。有时候是外部事件使他们处于转折时刻。有些人则只是意识到是时候改变了。

在我们的受访者中,有百分之十五的人属于"当前问题"组别。这些人在访谈中指出,当时他们正面临着某些问题,促使他们做出了这次旅行的决定。经过仔细检查,我们发现这些受访者可以进一步分为两个组。当前问题组中大约一半的受访者重返童年家园主要是为了找到当前生活的意义和方向。这些人通常会表达一种需要接触"真正的自我"的需求。有些人描述说他们的生活偏离了轨道。有些人觉得自己已经放弃了早前生活中重要的原则或目标。受访者中的另一半人则指出,是当前的某个特定事件或危机触发了他们重返童年家园的欲望。这些事件包括最近的离婚、人际关系问题、所爱之人去世、失业以及严重的健康问题等。

重返童年家园是如何帮助这些人应对或克服这一系列问题的呢?几名受访者很好地阐明了其中的联系。

你必须弄清楚你是谁。人们很容易陷入日常生活的琐碎中而忽略构成个人核心的基本价值观。如果你不能时不时地停下来反思一下这些事情,你可能就会发现自己的行事方式已经与这些价值观不一致了。你可能不知道其中的原因,但你会感觉到你正在做的事情似乎不对劲。这是因为你没有忠于自己。这也就是为什么你必须时不时地回到起点。

看到那座房子会让我深刻意识到我是谁,意识到我的真实性格。我不知道自己能否以任何其他方式来做到这一点。我必须将自己放回原位。我必须重新体验当时身为自己的感觉。这样，我才能对生活中想要的东西有更清晰的认识——更清楚我需要做什么才能让自己再次快乐起来。

一些受访者只是模糊地意识到，访问他们成长的地方会以某种方式帮助他们应对当前的困境。以下是两名受访者对他们决定旅行的过程的回忆。

我也不确定我希望找到什么。我只是觉得这是一个充满我过去回忆的地方，看起来我像是应该去了解一下的。

我真的说不上来是什么让我去的，但肯定与我最近离婚有关。这就是启动整个旅行的原因。

无论旅行的理由是什么，归入当前问题组中的每一名受访者都说他们从这次经历中获得了有价值的东西。一些案例中，这种领悟是在参观旧居和街区时产生的。但更常见的情况是，旅行中收集到的信息只是寻找困难问题答案这个更长期过程中的一步。根据我现在对拜访童年家园经历的了解，很容易看出为什么我们的受访者觉得这次旅行如此有用。如果人们想要追溯自己的根源——重新发现他们曾经是什么样的人，发现他们曾经坚持的价值观——没有什么比将自己置于这些记忆形成的地方更能唤起这些早年记忆了。

但是哪些记忆会浮现出来，部分取决于访客在寻找什么。他们是如何被抚养长大的、曾经认为什么最重要,以及从成长中学到了什么?带着这些问题的受访者已经准备好要检索与问题答案相关的记忆。想回忆父母教给你的道理吗?穿过那所房子,正是在那里,你的父亲给你讲了他从药店偷了一根好时巧克力棒的故事,或许正是在那里你感到了内疚,因为你弄坏了妹妹的滑板却假装一切都和自己无关,而这一切都会触发你的记忆。

马丁·兰道(Martin Landau)在伍迪·艾伦的电影《罪与错》中扮演的角色有着这样的经历:兰道饰演的角色,著名眼科医生朱达·罗森塔尔(Judah Rosenthal)面临着一个严重的道德困境——他的情妇威胁他,要公开他们的关系以破坏他的婚姻和声誉。绝望时刻,他杀害了情妇。行凶后不久,朱达陷入了深深的懊悔,他应该去警察局吗?更重要的是,如何让自己的行为与信仰保持一致?在与自己的良知斗争的过程中,朱达回到了自己成长的家。现任房主允许他在房子里看看,朱达重温了童年时逾越节晚餐的情景。年轻的朱达静静地坐在桌旁听着大人们讨论道德、正直和上帝的问题。

许多当前问题组的受访者都谈到,这次旅行给了他们反思的时间。尤其是那些单独前往的受访者(当前问题组的受访者大多数都是单独前往的),当旅行需要长途驾驶时,在高速公路上数英里的行驶路程给了他们充足的时间去处理看到老房子和旧街区时堆积的记忆与情感。对大多数受访者来说,在其后的几天甚至数周里,这种反思仍在继续。

找到生活的方向

心理学家发现，我们通常会把自己的生活看作始于童年并贯穿整个生命周期的故事。人生的道路上，会有惊喜，也会有失望，但整体来看，整个经历汇集成了某种连贯的故事。当被要求讲述他们的生活时，人们描述的不仅仅是一系列互不相关的趣事。他们经常会指出，早期的经历如何使他们走上某条道路，最终将他们塑造成今天这样的人。困难被视为考验，有时甚至被视为伪装过的祝福。事实上，反思自己的生活可以起到治疗作用。研究发现，仅仅反思这些年来我们改变和进步了多少就能有效提振精神。

我们大部分的生活都包含天然的存档点，在这些存档点，我们可以停下来问自己，曾经去过哪里，将要去哪里。心理学家经常指出，青年期、中年期和老年期是人们在生命周期中最有可能解决这些问题的时期。毫不奇怪，这三个年龄组的案例在我们的当前问题组受访者中都有。

青年期

在多年的大学本科教学中，我遇到过不少学生在职业选择和其他人生方向的抉择上纠结不已。调查发现，如今的大学毕业生在选择职业时往往比我在当学生时更看重赚钱。然而，和我一起工作的年轻人常常自问，即将做出的关于研究生教育和就业的决定是否符合他们的价值观和原则。那些在四年（或更多年）的大学生活中没有解决这些问题的人往往会在毕业时不得不面对这些问题。

这就是罗丝安所经历的情况。在攻读学士学位的过程中，大学的各种活动让她过得相对充实而满意。但是在毕业那天，罗丝安经历了一次情感危机。她没有工作，也没有认真发展的恋爱关系，没有短期目标，也没有什么能给她的日常生活带来支撑。人生第一次，罗丝安能真正自由地决定自己想要做什么，想要如何生活。正如一些心理学家所指出的，这种自由可能会令人不安。

罗丝安模糊地感觉到，解决这些问题的方法可能会在她的家乡找到。于是一天傍晚，她开车回到了自己成长的萨克拉门托街区。尽管她的家人和朋友仍然住在这一地区，但她决定不联系他们中的任何一个。相反，她住进了一家酒店，并在第二天早上参观了她的老街区。她的父母已经卖掉了房子，但她鼓起勇气敲了前门。令她高兴的是，新房主允许她在房子里四处走走。

整个行程不到二十四小时。她发现，新房主对房子的内部进行了大刀阔斧的改动，以至罗丝安几乎很难看出这还是同一栋房子。起初，她感觉好像"受到了侵犯"，然后是"非常地伤心"。但在接下来的几周里，随着对这次经历的反思，她的情绪也发生了变化。最终，她意识到自己花了太多时间生活在过去。在某种程度上，她曾抱有幻想，认为自己有朝一日会神奇地回到那些更快乐的时光。她说：

我想要再次回到那年轻的、不用负责任的时光——不用处理房租、汽车贷款，也不用工作。但看到房子里的所有变化让我意识到，我也需要成长改变。可是要变成什么样子呢？这也是我从房子里的见闻得到的启示。这让我开始思考对我来说什么是重要的。当我还是个住在那所房子里的孩子时，我有很多梦想。不知怎的，这些梦想一个接一个地消失了，直到我拿到本科学位却没有丝毫雄心壮志。但就在那一天后，我开始问自己正确的问题。

中年期

中年期似乎是一个评估自己生活进展的合乎逻辑的时间点。当然，还有那著名的中年危机，四十多岁或五十多岁的成年人会突然意识到自己变得多老。据说随之而来的多半会有婚外情或者红色跑车。不太夸张的是，在确立职业生涯、获得一定经济保障、子女也抚养成人后，人们常常会问自己，我的生活过得如何，还需要做些什么才能使自己的生活变得更加令人满意。著名心理学家埃里克·埃里克森（Erik Erikson）用创造和停滞这两个词来描述人们在这个年龄阶段所面临的问题。尽管埃里克森主要关注通过影响子女和孙辈带来的满足感，他和其他心理学家也观察到，中年人有时会感到一种悲伤。如果没有成就感和方向感，日常生活可能会变得空虚无聊。

塔玛拉在她四十五岁时回到了童年时的家，这次旅行恰逢她最小的女儿要去上大学。她说：

> 我不知道是不是该称之为空巢感。那更像是某种情绪积累了一段时间的感觉。在家里独处似乎让这些想法浮现在我的脑海。我想，嗯，你不再是个孩子了，但你也没老到无法在生活中再做点重要的事情。所以我经历了一段自我反思的时间，我问自己，剩下的日子想做什么。那其实并不是一段糟糕的时光。事实上，还挺不错的。就像是我生活中的一个间歇期，我终于有时间去思考什么是重要的，思考我真正想要的是什么。

塔玛拉的思考最终让她回到了从八岁到高中时期一直居住的南加州社区。她解释说：

> 我还是没办法告诉你是什么让我回到那所老房子。但我知道，我想要拥有一种大局观——你不能就这么忘了你的童年。我的意思是，无论好坏，它都会对你产生影响。所以与过去的一切重新建立联结可能是件好事。假装一切从未发生过，表现得好像你的生活只是从你十八岁才开始的，那简直太荒谬了。我知道，如果我要掌控自己的生活，就必须对我到目前为止的生活有更深入的了解。

当被问及这次拜访是否为她提供了所寻求的答案时，塔玛拉回答:"绝对是。当然不是所有的答案,但确实有很多很好的想法,帮助我回忆起了很多重要的事情。"

老年期

步入晚年时,人们常常会产生一种需求,要将自己的生活经历编织成一个令人满意的故事。与关注生活将走向何方的年轻人不同,老年人寻找的是将他们的生活凝聚成一个整体的贯通线。埃里克森将他们所追求的这种东西称之为自我完整性——一种关于自己的人生故事如何充分展开的满足感。就像《故乡行》中的凯莉·沃茨一样,这种探索有时包括回访他们几十年未见的老家。

亚瑟在决定回到度过童年的中西部农场时已经七十岁了。他说:

> 我并没有期待去发现任何不在我已知范围内的事情。我更想做的是把本真的我带回去,把变成了什么样的我带回去,好好回忆回忆,那个我是如何被农场塑造的。你懂的,就是我父母灌输给我的关于努力工作和对自己的行为负责的那些教诲。我在那个农场里学到的工作方式就是我自己创业时的工作方式。还有我父母教我如何尊重别人。我也一直努力以同样的方式尊重我的家人、员工和邻居。

对亚瑟来说,这次旅行带来的更多的是肯定而不是发现。他解释道:

许多东西都汇聚在一起了。你会记起每天早起去找鸡蛋、喂鸡。然后会对自己说——是的,那就是我,从那时候开始就是。那就是我,每天早上不用任何人提醒就起床,认真负责,确保工作完成。那时候我可能只有七八岁。当你像这样回首往事时,就好像这一切——我觉得可以说是我的整个人生吧——都有了意义。

寻找有用的信息

当前问题组中所有被归入"寻找意义"组的受访者都声称这次旅行是一次成功的经历。然而,他们所有人的描述中都没有出现类似"顿悟"的体验,一切并没有突然变得清晰,应该如何在生活中行动的答案也没有突然变得显而易见。这次经历更像是去图书馆寻找他们完成某个长期项目所需的信息。他们都带回来了些什么呢?以下是他们的回答——

更清晰的自我认知,对那个曾经的男孩和现在的男人的认知。

感激之情,感激那时的我的经历如何影响了现在的我。

一些已经很久没有想过的事情,而且是需要记住的重要事情。

一个视角。一种当我想要去审视自己的生活时,可以去依赖的视角。

记忆，就像事实一样，为你提供做出判断的事实基础，让你确定小时候真正经历了什么，那一切都不是你想象出来的。

一个用来解答"我是怎样的人""我想要什么样的生活"这种问题的起点。

解决当前问题

研究人生故事的心理学家经常会寻找转折点——那些生活中重大变化发生的节点。有时候，转折点是显而易见的，比如有了孩子或为了晋升而迁居异地。有时候，我们只是在事后才意识到这些转折点，比如经由一份夏季兼职而开启新事业，或者在聚会上遇到了朋友的朋友——那个人最终成了你的配偶。

转折点也可能以问题或危机的形式闯入我们的生活。被分类在当前问题组中的大约一半受访者在决定重返他们的童年家园时，正在与生活中的某些具体问题纠缠斗争。那些问题也是我们大多数人时不时会面临的问题——人际关系、健康、就业、家庭、财务。大多数受访者当时就意识到他们正处于一个转折点。换工作或结束一段关系就是"关闭一扇门，打开一扇窗"的明显标志。他们与大多数人不同的地方在于所采取的策略。他们都觉得，重新与童年建立联结会有帮助。正如一名受访者所解释的："你的生活正朝着一个方向前进，然后突然就不一样了。那就是一个机会，是你需要重新评估的时机，弄清楚什么是重要的，以及你打算怎么做。"另一名受访者这样表达："在知道自己要去哪里之前，你必须先弄清楚自己来自哪里。"

艾丽丝四十岁的时候回到了她的童年旧居。自从二十三年前离开后，她就再也没见过这所房子，但她认为是时候让她的三个孩子见见他们的外祖父母和仍然住在这个社区的其他亲戚了。于是，艾丽丝驱车回到了那个她在四岁到十七岁期间生活过的印第安纳小镇。

当时，她模糊地意识到自己对生活有所不满，并隐约觉得这种情绪上的不安可能与这次旅行有关。"（那是）在我离婚前的一年，我有点像是在整理自己的生活。"她说，"我知道我必须做点什么。我回去看了看。某种程度上来说——不是有意识的，而是潜意识里——我认为这是回顾我过去生活的一种方式。因为在那时候，我并不确定我的下一步。"直到进行回顾时，艾丽丝才意识到她此行的真正目的。"我想，我可能在潜意识里已经有提出离婚的想法了，"她说，"但我还不确定。我一直在掂量这个念头。直到一年后，我真的这么做了。所以这也是那整件事的一部分。算是回顾我所经历的一切吧。"

艾丽丝接受访谈是在离婚二十多年后，那时候她已经六十三岁了。多年后，把这一切重新拼凑在一起，她看到了那次旅行与决定离开丈夫之间的明确联系。"直到那次旅行后我才意识到，我和丈夫的关系就像孩子们之间的关系。"她说。在向孩子们展示她的旧居和社区时,艾丽丝开始意识到自己在过去这些年里成长、改变了多少。相比之下,她与丈夫的关系似乎还停留在以前那种不那么成熟的地方。她意识到,她已经陷入了一种模式,不断接受他的言语虐待,就好像她还是那个住在印第安纳小镇上的顺从的女孩。"如果没有那次旅行,我不确定自己会不会产生那样的想法。"她说。

在回到童年旧居时,阿尔贝托清楚地知道自己的问题所在。当时他三十六岁,即将失业。被解雇不算是好消息,但对阿尔贝托来说,即将失业有着更深层的含义。当年离家时他满怀雄心壮志,确信自己到三十五岁时一定会在金钱上取得巨大的成功。但事情并没有按计划发展,即将失业的困境迫使阿尔贝托面对一个令人悲伤的事实:他远远没有实现自己的梦想。这似乎是一个重新评估自己的好时机。

阿尔贝托回到了他长大的那个凤凰城住宅区,这是他第一次——也是唯一一次回到这里。"我只是回到家,试着回忆我小时候发生的事情,"他说,"我试着弄清楚,为什么我没有取得比现在更大的成就。"他已经离开这个地方二十一年,在这期间,他的家人朋友们也都搬走了。但他找到了伴随自己成长的那座老房子,不出所料,记忆也随之涌现。然而,他所得到的领悟并不愉快。当阿尔贝托在旧街区漫步时,他敏锐地意识到:我小时候是多么落后、多么天真、多么缺乏经验啊。通过成年人的眼光来看待童年时的家园,他第一次意识到,他生活的起点是多么低。在贫穷的家庭中长大，父母没有受过教育，也没有为他在这个世界上取得任何成就而做好准备。"我过去在学校表现很好，"他回忆道，"我有很好的老师。他们对我有很高的期望。而作为一个孩子，我的眼界也就这样了。当时我想：我要出去干一番大事。等长大了，我才发现事情并不像看起来那么容易。"

几个小时后，阿尔贝托回到车上，驶上了回家的路。在接下来的几天里他意识到，在金钱上获得成功从来都不是他真正的人生目标。这一目标一开始就是家人和朋友强加给他的。这个领悟让阿尔贝托摆脱了一直以来驱使他做出职业选择的那些压力，他第一次开始思考，自己真正想要从事什么样的工作。

死亡、象征和精神

一名叫琳达的女士在访谈后第二天给我打来电话，向我讲述了前一天晚上她脑海中浮现的一个画面。琳达不确定是为什么，但她想向我讲述她成长的地方附近田野中那些散落的农舍。她去参访时，她发现几乎所有的农场都已经被遗弃。那些曾经住满农民和他们家人的建筑如今空无一人，门窗紧闭。"就像扔在那里的空壳一样。"她说，"上面没有油漆，也没有窗户。我记得以前那儿都是很好的农场。但现在就那么晾在那里，看起来无人问津。"

想到那些空荡荡的农舍，琳达的声音里带着悲伤。"这很奇怪，因为我不知道邻居们发生了什么。"她说,"他们死了吗?还是只是搬走了?就是有一种悲伤奇怪的感觉,无法解释。也许是因为我从未想过那些农场会消亡,就像被抛弃的空壳一样。感觉这种事应该永远都不会发生才对。"她停顿了一下,想了想,继续说:"我不知道,这也许只是让我想到了我自己的死亡。"

和琳达一样,有几名受访者也感受到了访问童年家园与死亡之间的联系。也许在反思人生历程时,这样的问题是不可避免的。以下是一些受访者所描述的体验——

> 看到小时候的事物让我意识到时间从我身边流逝的速度有多快。要知道,我还是个孩子的时候,时间不是问题,总有一种生活将永远继续下去的感觉。我想我从未真正去深入地思考过这些。但那天,我真的开始感受到生命的短暂。
>
> 当时我大概四十二岁,接近这个年纪,你会更多地去感受自己的死亡、自己的局限。某种程度上,有点像中年危机。
>
> 到某个年龄时,你会想到死亡。这很自然,会让你开始思考你的人生。你想与那种生活相联结,想从它的某些部分中获得一种确定感。那生活是真实的、美好的。所以,你想回到旧街区,只是为了确认自己曾经过得美好,过得值得。

尽管对死亡的思考很容易变得病态或悲伤,但对那些在访谈中表达了对死亡关注的受访者来说却并非如此。他们几乎都以不同形式表达了一种满足感,即看到来自自己过去的某样东西不仅幸存下来,而且很可能在他们离世后仍继续存在很久,这给他们带来了满足感。"只要那个地方还在,我就觉得我的童年在某种程度上仍然鲜活。"一名女士说,"这就像人们说想要留下一些东西,在这个世界上留下他们的印记一样。生命如此短暂。我知道我的童年已经一去不复返。但当我看到那房子、院子和常青树时,我就有种感觉,我的童年仍然在以某种方式继续存在着。"

如果我们将地点视为自我概念的一种延伸,就可以部分地理解关注死亡与童年之间的联系。正如前几章所述,人们经常将童年家园视为个人身份认同的一部分。一名男士这样表达:"这座房子是我之所以为我的一部分。如果老房子不在了,那就像是我失去了一只手臂或一条腿。"

我们可以说,童年家园是一个人人生的象征,或者至少是童年时期生活的象征。如果真是这样,那么看到房子数十年来屹立不倒确实能给人一种安心的感觉。这种思维方式也有助于我们理解,当发现童年时期的建筑已经不在时,人们的反应为什么像是自己身体的重要部分被摧毁了一样。

社区对待名人故居的方式也可以被视为一个把家园作为符号的例子。在这个国家,以及许多其他国家,很多领导人、演员、作家和艺术家的故居都已经被修复并保存下来。其中许多故居已经变成了博物馆,我承认,有时我会特意绕远路去参观我所钦佩的已故作家或艺术家的故居。毫无疑问,我们可以在参观马克·吐温或乔治娅·奥基弗[1]成长的地方时学到一些东西。我们可以推测这些人的生活是怎样的,以及这些经历是如何塑造他们的作品的。不过实际上,人们参观名人故居可能还是因为把故居当成了这些人的具象化表现。参观雅园(Graceland)就相当于见到了猫王本人。

哪些名人的故居应该保留,哪些应该拆毁,这一直是一个热门话题。多年来,西雅图居民和市政官员一直在争论如何处置一个破败街区中的一间破旧两居室小屋。这个建筑是流浪汉和瘾君子的聚集地,市政府希望将其拆除。但这房子同时也是传奇摇滚巨星、蓝调吉他手吉米·亨德里克斯(Jimi Hendrix)的童年故居。这个理由是否足够让这所房子保留下来呢?最终,这座房子被整体迁移到了华盛顿州雷顿市的一块地上,与亨德里克斯的墓地隔街相望。与此同时,利物浦市议会的一个委员会投票决定,拆除披头士乐队鼓手林戈·斯塔尔(Ringo Starr)的故居,尽管市政府已经采取措施保护了同属披头士乐队的约翰·列侬(John Lennon)和保罗·麦卡特尼(Paul McCartney)的故居。委员会解释说,林戈只在那座房子里住了三个月,而约翰和保罗在已经被保护起来的故居里度过了他们生命中的大部分时光。

关于如何处理名人相关处所的争论并不仅限于名人故居。最近,巴尔的摩有关部门在考虑如何处理红衣主教吉本斯高中(Cardinal Gibbons School)的旧建筑和场地。二十世纪上半叶,这

---

[1] 乔治娅·奥基弗(Georgia O'Keeffe,1887—1986),美国女画家,其绘画作品已经成为20世纪20年代美国艺术的经典代表。

些建筑属于圣玛丽男子工业学校（St. Mary's Industrial School for Boys），其中一部分是孤儿院，另一部分是感化院，被评价为"无法矫治"的贝比·鲁斯[1]在那里度过了七岁到十九岁期间的人生大部分时光。虽然那里并非他的故居，但鲁斯在那里发现了棒球的魅力，并形成了超乎常人的个性，最后成为美国精神的代表性人物。对那些想要保护学校的人来说，如果那些建筑和场地被拆毁，一些代表鲁斯的重要东西就消失了。"他（鲁斯）在那片土地上学会了打球。"鲁斯出生地的博物馆馆长迈克尔·吉本斯说，"你可以在这里感知到，一切都是真实的。"

许多受访者都谈到了死亡和寻找人生的意义。令人惊讶的是，他们并没有谈论宗教。事实上，提到宗教这个话题的受访者很少。虽然有几个人在旅行期间参观了教堂，但没有人将教堂或宗教问题作为旅行的焦点。在所有受访者中，只有一个人表示她曾与神职人员讨论过她的旅行。

这个观察可能在一定程度上与响应我们启示的人的类型有关，或者与居住在我所在地区的人的类型有关。但我猜测，这些对话中宗教因素的缺失也反映了更大的社会趋势。尽管宗教仍然是许多美国人生活中的重要组成部分，但今天有大量美国人正试图通过传统教堂以外的途径来满足他们的精神需求。最近的一项调查发现，在"灵性的"和"宗教的"这两个选项中，更多的美国人选择用前者

---

[1] 贝比·鲁斯（George Herman "Babe" Ruth Jr., 1895—1948），美国职业棒球运动员，被誉为棒球历史上最伟大的球员之一。

来描述自己。如果我们宽泛地定义"灵性"这个词，那么在受访者讨论他们旅行的原因时，灵性似乎就是一个合适的词。在更大程度上而言，参观童年旧居是了解他们人生、寻找生命意义的重要一步。一个人是否将这视为"宗教"或"灵性"之旅可能只是定义的问题。不过，至少对我们的受访者来说，传统的有组织宗教在他们的经历中似乎并没有发挥什么重要作用。

案例研究：凯瑟琳

凯瑟琳三十五岁那年，八月的一天，她冲动地决定从加利福尼亚州开车前往她位于蒙大拿州比灵斯的童年家园。她最近刚离婚，未来人生的方向突然成了困扰她的问题。

"我算是在进行自我探索吧。"她说，"我真的努力想要弄清楚我的人生要往哪里走。我三十五岁了，有几个孩子，真的不知道自己想做什么，也不知道想去哪里。我的孩子去参加夏令营了。我就决定去旅行。"

凯瑟琳四岁时，她父亲在农村建了一座房子，她就是在那里长大的。她在比灵斯已经没有亲戚了，而且自从十四岁时全家搬到俄勒冈州后她就再也没回去过。之后的二十一年，她从未认真考虑过要回去。

"我决定开车，走我从未走过的路。"她说，"我关掉收音机，摘下手表,还记了日记。我没有规划行程,所以不知道中途会住在哪里,也没决定什么时候休息。"

为什么要旅行?接受访谈时她已经四十七岁了。回想当时,她觉得自己当时已经意识到了正在发生什么。"我问自己,我能做什么,"她说,"我想要什么样的生活,什么对我来说是重要的,我该如何独立生活。这真的是一次自我探索。回去。看看我的根。看看那里还有什么。"

她去看的第一个地方是那座房子,从远处看,它和记忆中的房子相差无几,只是树木长大了很多。她停下车,沿着通往旧居的土路一路走了过去。她说:

> 我爸爸之前在水泥地上放了一个秋千架,它现在还在那里。我站在那里看了又看,但是始终没有勇气敲门。之后我沿着通往小学的路走了过去。我从爸爸种的树上采了一些松果,最后都给我妹妹了,本来想留着的,但是她发现我采了松果之后说——"噢,我想要。"她从来没有回去过,所以我把松果给了她。

凯瑟琳还参观了她的小学和初中、她最好朋友的房子、教堂、她以前玩耍的洞穴,以及小时候爬过的大石头。她拍了很多照片。三天后,她觉得该离开了。她从这次参访中得到了什么呢?其中一个意想不到的收获与她的女儿有关。开始旅行的时候,凯瑟琳的大女儿十四岁,和她离开蒙大拿州时的年龄一样。随着那些早年的记忆浮现在脑海,她忍不住联系了女儿。"我能清楚地记得自己十四岁时是什么样子。"她说,"这让我对(女儿的)生活有了更全面的认识。作为母亲,我变得更温柔了,对十四岁的女儿的感受,有了更多的同理心。"

但她还有更大的收获,正是从她冲动地跳进车里、摘下手表时起就一直在寻找的那种。凯瑟琳来蒙大拿州时并没有具体的计划,但她明智地留出了很多时间用来反思。"在旅途中,我花了一些时间来写日记。"她说,"审视我生活中的各种关系,将它们置于更广阔的背景中进行思考。特别是我与自己的关系。"

凯瑟琳深入地审视自己,发现自己很喜欢看到的一切。"我意识到自己有多么强大。"她说,"从那时起,我感觉自己对生活有了更多的掌控。我还记得自己开车回家,驶进六八〇号高速公路所在的山谷时有多兴奋。那是我第一次有那样的感觉,第一次对自己想做什么有了那么多想法。"

第六章

治愈之地

几年前,纪录片导演安德鲁·杰瑞克奇(Andrew Jarecki)正在拍摄一部纪录电影,电影主人公大卫·弗雷德曼(David Friedman)是一个以在孩子们的聚会上做小丑表演为生的男人。在采访弗雷德曼了解其背景资料的过程中,杰瑞克奇逐渐对弗雷德曼的回答产生了怀疑。"他向我讲述的那些关于他家庭的故事都太条理清晰、太日常了。"杰瑞克奇解释说,"根据我对家的了解,考虑到普通人的家庭通常有些问题,这些故事在我看来不可信。"

于是,杰瑞克奇尝试换了个方法。

我对他说:"我们回你小时候住过的家吧?"而他说:"不,我们真的不需要这么做。"我说:"不,不,我们去吧。"于是我们回去了,我让他坐在童年时代家门口的台阶上,一开始,他又给我讲了一段白开水一样的日常。我说:"就这些吗?"他说:"对,差不多就是这样。我父亲是个很棒的人,我母亲是个疯子,我的兄弟们都很棒。"我说:"你最后一次进你的卧室是什么时候?"他说:"噢,那是很多年前了。"于是我走上台阶,敲了敲门,现在的房主是一名女士,她让弗雷德曼进了他以前的卧室。他进去的时候,我一直等在外面。最后,他出来时看起来有点摇晃,有点情绪化。这是我第一次看到他这样。

他坐回原位,我说:"好吧,你还有什么想告诉我的吗?"他说:"没了,没有了,差不多就是这些了。除非你想听我母亲自杀未遂的事。"

这一发现成了杰瑞克奇的首次突破。正如他所怀疑的那样,弗雷德曼的故事远比表面上看起来复杂。经过更多的深入调查,这名电影制作人发现了这样一个故事:一个家庭多年前因儿童性虐待的指控而四分五裂,一个父亲最终在狱中自杀,而一个兄弟因几乎可以肯定没犯过的罪行坐了十三年牢。如果杰瑞克奇没有观察到人们参观童年故居时经常产生的那种强烈反应,那么广受赞誉的电影《抓住弗雷德曼一家》(*Capturing the Friedmans*)可能永远都不会问世。在这个案例中,发生在那所房子里的悲惨事件放大了人们的情绪反应。杰瑞克奇这样解释他的洞察:"我只是认为,越让他接近童年时的物理环境,在情感上他也就越有可能'回到那里'。"

和大卫·弗雷德曼一样,有些人的童年旧居是存放黑暗痛苦记忆的储藏室。回到这些房子所唤起的令人不安的记忆至少也会与前面章节中的受访者所报告的愉快回忆一样强烈。我将研究中百分之十二的受访者归类在"未尽之事"组。这组受访者中的每个个体都因悲伤或悲惨的经历而让童年蒙上了阴影。在某些案例中,痛苦的经历是单一的事件,比如父母的去世。对另一些受访者来说,虐待和欺凌贯穿了他们童年的大部分时光。这些受访者中的大多数人一旦在法律和经济上获得独立,立刻就搬离了他们的童年旧居和所在社区。然而多年后，他们都发现自己并没有成功将过去抛到脑后。许多人都经历着常见的创伤后遗症：抑郁、焦虑、人际关系问题等。其他人则感觉自己有所缺损，好像生命中缺少了什么重要的东西。最终，他们都决定从物理意义上回到这一切麻烦的源头。没有人认为这会是一趟愉快的旅行，但他们都认为自己必须这么做。

"未尽之事"组的受访者基本上可以被分为两个组，不过也有少数个体同时体验到了这两种经历。其中一组所述的不快乐的童年通常包括创伤和虐待；而另一组则是父母的突然死亡导致童年经历剧烈转向。

不快乐的童年

人们常常将童年描述为生命中的一个特殊时期，充满纯真，因为日常中的一点发现就会感到快乐。说起童年，我们脑海中浮现出的常常是操场上欢笑的男孩女孩，还有安睡在父母臂弯中的幼儿。不幸的是，正如心理学家们一直以来所知道的，有太多孩子的成长环境并没有那么理想。据统计，全美有四分之一的孩子成长在父母一人或两人都有酒精成瘾问题的家庭。对孩子们来说，家人酗酒的家庭通常充满混乱和压力。今晚回家的爸爸会是哪一个？拥抱你的那个，还是吼叫打人的那个？在这样的家庭中，冲突和敌意非常常见。孩子们学会自己保护自己，忍受叫喊和打斗，并向朋友隐藏他们的家庭秘密。心理学家的研究发现,"酒精中毒者的成年子女"面临着一系列问题,包括人际关系困难、焦虑障碍、药物滥用以及其他身体健康问题等。

但是,不幸的童年缘由并不只局限于父母酒精成瘾或药物成瘾。美国卫生与公众服务部的一项研究估计,每年有超过九十万名美国儿童遭受身体、情感或性虐待,其中大部分虐待来自他们的父母。这种虐待的潜在长期后果众多,包括脑损伤、慢性疾病、学习障碍、青少年犯罪、药物滥用和学业问题等。据一项研究统计,高达百分之八十的受虐待儿童在成年后会罹患一种或多种心理疾病,其中抑郁和焦虑最为常见。

儿童也可能在家庭之外受到虐待和侮辱。在一项针对六年级至十二年级学生的调查中,百分之二十的学生表示,他们曾在学校遭到恶霸的殴打;百分之二十五的学生表示,他们担心会被另一名学生殴打。其他研究发现,多达一半的学生在高中毕业前的某个时刻曾受到欺凌,而至少有百分之十的学生经常遭受欺凌。同学之间的欺凌虐待可能带来严重的后果。全美每年约有十六万名学生因害怕被欺负而缺课。尽管许多欺凌事件很快就被人忘记,但心理学家指出,欺凌往往会对自尊心和情感稳定性造成长期损害,特别是如果这种欺凌是持续不断的。在极端情况下,孩子们会拒绝离开家,甚至自杀。

简而言之,童年并不总是甜蜜快乐的。童年经历过虐待的人会发展出许多策略来应对他们的经历。值得注意的是,有些人经历了创伤，却几乎没有受到任何明显的影响，但许多人仍然继续承受着痛苦，心理医生的办公室里挤满了这样的人。我们也从访谈中了解到，有些人采用了一种自相矛盾的策略来应对他们痛苦的过去：他们选择回到那些麻烦开始的地方。

回到充满虐待的家

乍一看，我们可能会认为，在充满虐待的家庭中长大的孩子几乎不可能重返童年时的家。旅行带来的汹涌记忆和情绪波动又有什么好处呢？毫无疑问，这种经历对许多人来说都是难以承受的，甚至可能会带来反作用。但如果你的目的是去更好地了解曾经发生了什么，并去应对与这些经历相关的情感，那么让自己沉浸在视觉和其他感官的刺激中可能就是一个很有用的治疗工具。

"未尽之事"组中，大多数在发生虐待的家庭中长大的受访者在重返童年家园时或在那之后不久都在接受专业人士的辅导。这很可能是个明智之举。仅仅依靠重返童年家园不太可能解决这种会伴随一生的问题。相反，我们还是把回到虐待发生的地方视为长期治疗过程中的一个步骤比较好。

回到悲痛和创伤发生的现场能得到什么？从对创伤受害者的研究中得出的一个比较公认的结论是，痛苦的经历必须得到承认和应对。尽管并没有一种对所有人都有效的治疗方案，但心理学家常常会发现，谈论甚至写下创伤性事件本身就可以在很大程度上帮助一个人应对这种经历及其带来的心理和身体上的负担。以心理学家詹姆斯·彭尼贝克及其同事开发的疗程为例，研究参与者被要求指出他们过去很少或从来没有告诉过别人的心理或生理性创伤经历。其中一个惊人的发现是，大多数人都可以很容易地指出这样的经历。接下来，参与者被要求写下这段经历以及相关的情感。通常，参与者要每天写十五分钟，持续写四天。另一组参与者则被要求用相同的时间写一系列不带感情色彩的话题（比如描述他们的客厅）。然后，研究人员等待一段时间——通常是几个月，之后对两组参与者的心理和身体健康状况进行评估。

仅仅花六十分钟写下一段创伤性经历——有时是困扰了一个人几十年的经历——就能带来实质性的长期好处吗？一系列研究表明，答案是肯定的。刚在纸上重温创伤性经历时，写下令人不安事件的参与者通常会立即感到压力增加。但几个月后，这些参与者在情绪调节方面往往比写下其他话题的参与者表现得更好。此外，健康状况指标评估（比如上学或工作的缺勤天数、看医生的次数等）也显示，将情绪与语言表达出来对身体健康有益。简而言之，直面这段经历而不是逃避可以让人在康复之路上走得更远。

我们的很多受访者对此都有类似的看法。在开启旅程之前，他们中的大多数人都曾试图通过各种逃避性的方式来应对情感上的创伤。他们很少向别人提起他们所遭受的虐待，而且在这次——他们觉得是时候开启旅程之前,他们都从未回过老家和老街区。有一名女士特意不保留任何跟她那痛苦的童年相关的照片、玩具和其他纪念品。一个亲戚给她寄来几张她父母的旧黑白快照,她直接就把照片撕碎了扔掉。

最终,我们的受访者都看到了心理学家在研究中反复发现的结论:从长远来看,即使不是完全无效,这种逃避性策略的作用也是很有限的。虽然他们中的很多人是在专业人士的帮助下才认识到这一点的,但大多数人都是自己做出了回到童年家园的决定。有几个人这样描述他们的决定——

当我听到母亲去世的消息时,我知道我已经到达了人生的一个重要节点。我一直在逃避的一切——一直在试图抛在脑后的一切——都还在那里,只要我不采取行动,它就不会消失。

你可以假装过去的事已经过去了,但在内心深处,你很清楚事实并非如此。我必须回到那座房子亲眼看看,看看我所记得的一切是不是真的。要想确定那件事是不是就像我一直以来所认为的那么大,是不是我在某种程度上让它对我的控制超出了应有的程度,回去确认是唯一的方法。

接受访谈时,珍妮丝已经四十七岁了。她对童年并没有什么完整的记忆,但能回忆起来的事情都不愉快。她在南达科他州的一个军事基地长大,在那里,她遭受了父母的身体虐待、心理虐待及性虐待。珍妮丝能清楚记得的事情之一，就是她母亲痴迷于给硬木地板打蜡抛光——珍妮丝经常在那地板上挨打。直到今天，她都无法忍受家具抛光剂的味道。

珍妮丝离家上大学时十八岁，她计划永远都不再回去。二十多年后，她和丈夫开车经过南达科他州，距离那个军事基地大约一个小时的车程。时至今日她仍然想不起自己当时在那个地区做什么，也不知道自己是怎么决定要去看看那个以前的家的。但她很高兴地发现那个基地已经关闭了。许多建筑物已经被拆除，剩下的建筑都空置着。"我能够去那里是因为那里已经什么都没有了。"她说，"但我必须这么做。即使不是在那个时候，也要在我生命中的某个时候。我需要解脱。"

她曾经住过两座房子，有一座还在。透过窗户窥视空无一人的建筑内部时，她对自己的反应感到惊讶。"我看到房子还是原来的样子，有家具、窗帘和植物，但没有人。我看到了它以前的样子。还有味道——我能闻到打蜡地板的味道、硬木地板的味道，以及我母亲给地板打蜡时用的蜡的味道。"

这次旅行，加上后续的一系列心理咨询，帮助珍妮丝摆脱了痛苦童年的阴影。"第一次离开时，我非常渴望离开，"她说，"现在，作为一个成年人……我能够告别童年的回忆，告别不幸的生活了。我得为失去的东西哀悼，然后继续前行，开始我人生的下一个阶段。这很难。我花了很长时间才把它放下。"

研究期间进行的所有访谈中，安妮的案例最触动我。安妮对童年几乎没有任何正面的回忆。她的母亲是个酒鬼，对她进行精神上和身体上的虐待。安妮不想详述，只是说她的经历与著名的多重人格案例西比尔[1]相似。因此，十七岁时，她迫不及待地离开了她的家乡——一个中西部的小型农业社区——去上大学。最终，她来到了西海岸，直到二十年后，母亲去世，她才回到以前的家附近。安妮回去参加了葬礼。她本可以只参加完葬礼就坐飞机回来，但她觉得还有别的事情要做。

"我想验证下我的经历，"她说，"看看我现在对此处的感受，让我的感受更加明确。现在我年龄更大了，也不再生活在那个酗酒的家里，我想把那段记忆的能量消除掉。"

所以，葬礼过后，安妮独自去看了那所房子。虽然过去了二十年，她的母亲也去世了，但她仍然觉得那种感觉很可怕。说话的时候，我可以在她的脸上看到，在她的声音里听到，她正在重温那段经历。

> 我记得当时的感觉非常诡异。那个地方实在是太糟了。感觉就像我住在这所房子里的时候一样。我真的很害怕，感觉真应该离开那里。就好像东西会忽然重现一样。这些记忆太可怕了。那里发生过一些非常可怕的事情。当然，那时候她已

---

1 西比尔（Sybil），最早被广泛认知的多重人格障碍案例之一。西比尔据称拥有十六重人格，这些人格具有不同的姓名、性格甚至性别，不同人格之间既相互依靠又相互斗争，构成了复杂的内心世界。同名畅销书《西比尔》和改编电影等作品让这个案例广为人知。

经死了,但我待在那里的时候,感觉就像她随时都会回来找我一样。这种感觉很强烈。就好像是在说,这个地方不适合我待——我们离开吧。因为我在那里住的时候就总想着离开。我想离开,但我不能离开,因为我还没有长大到可以照顾自己。那是一种很奇怪的感觉,那么多可怕的事情都发生在那里,你不想待在那儿。那儿不是你该待的地方。

安妮从房子里跑了出来,再也没有回去。虽然接受访谈时已经过去了很多年,但在访谈中重温这段经历对她来说仍然非常困难。她几次停下来,哭泣,然后平复情绪。

在这唯一一次回到童年旧居的经历过了几年后,安妮的哥哥打电话告诉她,他已经获得了这所房子的合法所有权。最好的消息是,哥哥告诉她,他雇了一些专业人员来摧毁剩下的建筑结构,整个拆除。这个消息让安妮很高兴。那个令她充满恐惧的地方终于消失了。但是仅仅摧毁那个地方还不够。

"这还不够。"她告诉我。

"怎么不够?"我问。

"应该填平。我知道。用花填满它。把它铲平,清除一切,然后用花填满它。"

"为什么要用花?"我问。

"让它变漂亮。"她开始哭泣,"不然还能怎么办?要把那样的东西……"她继续哭泣,"……变漂亮。还能用什么?"

回到以前的家是不是处理童年创伤后遗症的有效方法呢？我只能依靠手头数量不多的几个案例来得出结论。不过，尝试过这一方法的受访者普遍反馈称自己在不同程度上获得了收益。没有人后悔做出这个决定，但回到那个家确实比一些人想象的要困难得多。一些受访者认为，他们从重温记忆中获益，这些记忆随后成为后续疗程的重点。其他人则不太确定这些益处是否抵得上自己在情感上的付出。这些受访者普遍认为，处于他们这种情况下的人只有在认为自己准备好了的时候才应该进行这样的旅行。简而言之，参观曾经产生过童年创伤的家园可能会是一次深刻的体验。采取这个步骤需要谨慎行事。

哀悼的必要

失去和哀悼是生命中不可避免的环节。大多数西方文化在亲人去世后都会给予个人一段时间进行哀悼。事实上，我们期待人们公开表达哀伤，暂时放下愉快的活动，经历一个"解决"悲伤的过程。我们也期望这个过程能在合理的时间内完成，并且期望这个人会在亲人去世一两年后"走出"这段经历。然而，心理学家发现，我们每个人对失去亲人的反应都是不同的。特别是，有些人在短时间内就能恢复正常的活动和情绪模式，但另一些人可能需要几十年才能被大家感觉到他们真正"走出"了这段失去亲人的经历。

被归入"未尽之事"组的几个受访者在成长过程中失去了父母。尽管他们在接受访谈时相关的经历已经过去了几十年,但成年人往往都还没有完全从哀悼过程中走出。研究发现,儿童与成年人对哀悼的反应非常不同,特别是十二岁以下的儿童,他们很难识别和表达自己的情绪。而当成年人直接或间接地传达出"孩子正在经历的情绪是不恰当的"这一信息时,整个过程会变得更加复杂。事实上,年幼的孩子可能无法完全理解死亡的终局性,也无法理解父母的缺席将对他们的生活产生多大的影响。

因为童年时所经历的悲痛不够充分,一些成年人经历了心理学家所说的"再悲痛"过程。也就是说,尽管过去了许多年,这些人还是选择让自己重新体验那种失去感,并应对这些情绪,就好像父母是最近才去世的一样。我们的一些受访者或多或少地描述了这种经历。作为"再悲痛"过程的一部分,他们回到了以前的家,沉浸在相关的记忆和情绪中。在那个时间点,他们童年时无法经历的悲伤得以持续。

他们中的一些人在旅行中会去父母的墓地。我们的受访者中,只有百分之十二的人参观过墓地。在大多数情况下,那些前往父母墓地的人只是想表示敬意,但"未尽之事"组的受访者则谈到了更多。他们让思绪和情绪浮现。许多人独自站在墓碑前大声说话,表达他们以前太年轻而无法表达的感情。以下是他们的话——

孩子对死亡没有真正清晰的认识。对我而言,我甚至到多年后才意识到母亲的去世对我产生了怎样的影响。我怎么能意识到呢？你得更成熟些，你得有一个视角去理解这样的事情。但那个需要我重新面对这个问题的时刻到来了。我必须对我父亲说点话，站在他的墓碑前大声说出来。

我认为很多人是分步骤应对父母去世的事情的，一次应对一点。但总有一天，你必须完成哀悼的过程。我知道我已经准备好了，所以我期待着去那里，在某种程度上与这整件事达成和解。

格伦达的母亲在她十二岁时意外离世，离世时只有三十七岁，留下她的父亲独自抚养五个孩子。她的父亲不是一个善于表达情感的人，从未公开为妻子的去世表示悲伤，他向孩子们传达的信息让他们认为，自己应该效仿他的做法。"对他来说，就是要保持冷静。"格伦达说，"我们不要在这里崩溃。继续做事。忙起来，继续前进。哭是可以的，但要哭就在你自己的房间里哭。"因此，孩子们都没有能够处理自己在情感上的失落和那种被抛弃的感觉。

对格伦达进行访谈时，她刚从新英格兰的童年旧居回来几周。这次旅行的决定是由一系列事件触发的。一个是她母亲去世二十五周年，而这一年，格伦达也刚满三十七岁，与她母亲去世时的年龄相同。但最终促使格伦达做出这次旅行决定的是她与一位朋友关于母亲和孩子之间情感纽带的讨论。忽然间，格伦达意识到自己在情感上一直疏远自己的孩子。她也意识到，她害怕自己年轻时就死去，让自己的孩子承受她仍然在承受的那种母亲去世所带来的痛苦。未能处理好失去母亲的悲痛使她无法与自己的孩子亲近。

所以她决定前往童年旧居。她看到了旧时的房子，走进母校的大厅，重温了儿时送报纸的路线。但最重要的停留点是她母亲的墓地。"我以为我会哭得稀里哗啦，情绪失控。"她说，"但我并没有，其实还挺平静的。"

格伦达已经计划好了该说什么、做什么，但实际经历却和她预想的截然不同。"我在母亲的坟墓周围清理了一下。"她说，"我原本设想过一场大声的对话，还有告别。但我没能做到。不是因为我坐在那里哭，而是因为我不再需要那样做了。我只是坐在那儿，感觉真的很平静。"当我们采访格伦达时，她的牧师正在帮助她接受母亲的去世，并在情感上向她的孩子们敞开心扉。

"未尽之事"组中，所有将回到童年家园作为哀悼过程一部分的受访者都认为这次经历很有价值。可以这么说，他们每一个人在情感上都做好了准备去迎接这次体验。重返童年家园只是面对父母去世这个更长的过程中的一步。不过需要指出的是，这一步可能并不适合所有正在经历哀悼的人。此外，直到个人觉得时机合适，重返童年家园才可能有所帮助。

案例研究：安德莉亚

在十六岁之前，安德莉亚生活在一个许多人梦寐以求的世界里。她的父亲从事电影行业,她童年的家是一座位于南加州的豪宅。安德莉亚还记得她母亲的步入式衣柜里挂满了晚礼服,用于频繁出席那些颁奖典礼和好莱坞社交聚会。安德莉亚几乎拥有了一个孩子所能想到的一切。然后,她的父亲去世了。

从父亲去世的那一刻起,安德莉亚的生活发生了翻天覆地的变化:不再有奢华的生活方式,不再有豪宅。这种变化对一个青少年来说太过剧烈。她开始酗酒,然后吸毒。到了二十岁的时候,安德莉亚已经是一个重度的酒精和毒品依赖者。接下来的二十年里,这个问题一直纠缠着她。

尽管她常常住在离她童年的家不远的地方,但直到接近四十岁,安德莉亚才再次看到那座房子。然后有一天,当她和热恋情人一起开车路过它时,她强烈地想要再次看一眼那座房子。"那种感觉非常强烈,"她说,"很难解释。仿佛有一种力量在驱使我。每次开车经过那里,那种力量可能都会在我的脑子里闪一下。让我进去(房子里)。但这有点强人所难,也不太文明。不过这次有个我仰慕的人(和我一起),我想让他稍微了解一下我来自哪里。"

安德莉亚按响了门铃,向开门的女仆解释说她曾在这座房子里长大。房子的主人不在家,但令她惊讶的是,女仆允许安德莉亚和她的伴侣在房子里面四处看看。

这次经历令人难以承受。关于"聚会和朋友"的记忆如潮水般涌来。她回想起了家里的家具和画作。但最重要的是,她想起了父亲的去世。"这有点像经过事故现场。"她说,"我内心充满焦虑。

还有悲伤。深深的悲伤。我不知道该如何处理悲伤,所以当我失去——无论是一个人、一种生活方式,还是一个家——我总会想要找些东西来替代。但我从未真正去面对过它。"

他们在那里待了大约四十五分钟。接下来的几天,安德莉亚满脑子想的都是那座房子。"我很难不去想它,"她说,"我会在脑海里走过房子里的每一个房间,就好像——虽然我有自己的事业、人际关系和其他一切,但我的一部分思绪总是停留在那座房子上,就像在我头脑里有一个私密的小房间,里面有好多我挂念的东西。"然后她陷入了长达数个月的抑郁。安德莉亚知道她的抑郁与访问旧居有关。她试着进行了写作练习,在脑海里走过每个房间并写下自己对每个房间的感受。

那年的晚些时候,她的家人因为一个远房亲戚的葬礼而聚集在一起。仪式结束后,安德莉亚向母亲和妹妹提议,三个人一起去参观老房子。她们给房子的主人打了电话,发现房主非常乐意接受这个请求。"他们理解这座房子对我们的影响,所以让我们独自待在里面,不受打扰。"安德莉亚说,"我们最终在那里待了三四个小时,每个人都走了自己想要走的路线。我很放松,可以坐在一个地方,就那么盯着某样东西一直看。我有时间去消化一切。"

第二次探访成了一个起点,让安德莉亚进行她那从未允许自己进行的哀悼。她解释说——

> 我意识到我有很多愤怒。愤怒父亲的去世,还有家庭结构

的变化。我一直都觉得，我的童年生活会这样继续下去，从未想过一切会变得有所不同。等到它确实变得不同时，我从未接受过这个事实。我开始酗酒、吸毒。这对我来说一直是一个逃避感受的好方法。用这种方法来应对，对我来说要容易得多。

第二次探访旧居的两年后，我们采访了安德莉亚。当时她四十二岁，已经在药物滥用康复中心接受了六个月的治疗。

第七章 ——

无处如家

多年来，我向不同群体介绍了关于重返童年家园的研究。尽管每次演讲我都会留出提问时间，但演讲结束后，总会有几个人留下来，希望能和我有更深入的交流。许多人想分享他们重返童年家园的经历。有些人想为即将到来的旅行寻求建议。但也有一些人留下来是因为他们的观点和我截然不同。在其他人都聊完离开后，这些人会礼貌地问出类似这样的问题："那我呢？"

我倒不是说这些人重返童年家园的理由放不进我之前的三组分类，也不是说他们缺乏与小学时期生活过的家重新建立联结的欲望。事实上，他们没有特定的家园可以供他们重新建立联结。更准确地说，他们有过太多的童年家园，以致没有一个能够脱颖而出成为最特别的那个。当我要求听众们想一个他们认为是自己的"家"的童年时的地点时，这些人往往不知道该想些什么。

虽然大多数美国人都有童年时期在某个地方长期居住的记忆，但也有很多例外。许多孩子成长的环境并不那么稳定。有些情况下，父母的工作需要频繁搬家，晋升和公司搬迁往往意味着去新的住址。另一些孩子则是因为贫困而陷入频繁搬家的境地。父母的离婚和再婚往往意味着孩子们需要适应新的社区、新的城镇、新的学校。一些孩子在不幸的环境中长大，需要在父母、亲戚，有时还有寄养家庭之间来回奔波。他们可能在这里住六个月，在那里住一年,然后夏天再去一个不同的地方。

特别值得注意的是那些在父母一方(通常是父亲)从事军职的家庭中成长的孩子。在这种环境中长大的孩子经常称自己为"军二代"。由于多种原因,军二代与大多数孩子的人生经历很不相同。这些不同中最重要的一点就是,军人家庭通常搬家非常频繁。作家玛丽·爱德华兹·沃奇(Mary Edwards Wertsch)采访了八十个在军人家庭中长大的成年人,她本人也是个军二代。在她的受访者中,每个人从幼儿园到高中平均上过九点五所不同的学校(搬家的总次数更高)。这么频繁地搬家对孩子的影响可能是巨大的。沃奇的许多受访者都谈到,他们缺乏建立亲密友谊的能力。有些人则通过发展出对依恋的抗拒来应对与朋友的分离问题。如果你和你的同学保持情感上的距离,当不可避免的道别来临时,你的痛苦也会小一些。

最重要的是,军二代无法形成归属感。正如沃奇所解释的那样,他们在无休止地结识新朋友的过程中经常面临一个问题,但他们又特别不喜欢这个问题——"你来自哪里?"军二代不喜欢"你来自哪里"这个问题,他们终其一生都在徒劳地回避着这个问题。有些人回答"没哪儿",有些人回答"哪儿都算"……(许多人会)拿他们上一个待过的地方或者他们最喜欢的地方作为答案……事实上,没有一种回答是不尴尬的。

研究人员最近才开始研究这种无归属感带来的心理影响。有这种经历的人都不喜欢这种感觉。沃奇在询问她的受访者想被埋葬在哪里时,发现了这种无归属感的一个有趣呈现方式。大多数人都希望被安葬在他们称之为家的地方。对一些人来说，那个家是家族的家，也就是其他家庭成员被安葬的地方；对另一些人来说，那个家就是他们成长或度过大部分成年生活时光的小镇。但是，对那些没有归属感的人来说，他们该如何回答这个问题呢？沃奇的军二代受访者中有超过四分之三的人表示，他们想要通过火葬来解决这个问题。即使是在那些选择土葬的人中，大多数人也不确定该埋葬在哪里。

我研究中的频繁搬家者

我很难说清楚培养对家的依恋感或者将家融入自我概念需要多长时间。但最有可能的是，这个过程需要很多年。人们需要时间来经历争吵，经历亲密时刻、特殊场合、独处的午后以及所有那些将房子变成家的经历。在调查那些重返童年家园的人时，我寻找的是那些能够指出童年时的某个特定地方是他们想要回去看的地方的人。自然，我并不期望我的受访者中有很多人（如果有的话）在童年时期频繁搬家。然而，当我们要求人们指出他们一生中居住过的各种地方时，我们发现有十一名受访者在十八岁生日前住过十个或更多的地方。一些受访者居住过的地方实在太多，以至他们只能推测实际的数量。一名男士认为他住过的地方有十八个，另一名男士很肯定自己住过的地方超过二十个，还有名女士说，她从未在一个地方住过一年以上。

尽管这么不稳定，但他们中的每个人都特意回了一次童年的家。这一发现引出了一个显而易见的问题：为什么人们会想要重返他们只住了一年（在某些情况下甚至更短时间）的家？我最初的想法是，这些受访者的体验与在一个地方住了很多年的人截然不同。我设想他们对前一个家的依恋不会像大多数人那样强烈，而且那次旅程也不会那么情绪化或那么令人满意。结果证明，我的假设部分正确、部分错误。频繁搬家者的故事确实不同，但他们的情绪并不少。而且，他们中的许多人发现这次经历相当有益，尽管原因各不相同。

为什么是这个家？

访谈中，我们通常会问受访者为什么在他们居住过的众多地方中，要选择这个特定的地方回来参观。大多数受访者的回答都在我们的预期之内——这是他们住了很长时间的地方，也是他们小学时期住的地方。但对那些年经常搬家的人来说，情况显然不是这样。在那些频繁搬家的人中，有些人承认，他们的选择只是出于方便。他们想看看童年的家，而他们参观的那个家在地理位置上比其他任何一个地方都近。对这些受访者来说，每个童年时的家都只是他们曾经住过的家的集合中的一个代表。

"我甚至不确定我的记忆是否正确。"一名男士说，"我觉得，站在那所房子外面时我脑海中所涌现出的一些记忆其实是发生在其他地方的。我搬家太频繁了，在我心里，那些不同的房子差不多都融为一体了。待在这所房子里差不多就代表着我参观了生命中那段时期住过的所有房子。"

另一些受访者选择了一个带给他们特别强烈记忆和情感联系的家。一名女士选择了她五年级时住过的家，因为那是她童年中最快乐的一年——

> 我通常很难交到朋友。但那一年，我有两个非常亲密的女性朋友。我们做什么事情都在一起。我们在睡衣派对上无所不谈。我们当时正处在开始思考诸如男孩子之类的事情的年龄。但我们其实什么都不知道，所以拥有亲密的朋友来谈论这些非常重要。我们可以一起探索、学习。我记得我曾想过，其他孩子也一定是这样的。当然，我第二年就搬家了，但我从这些经历中学到了很多。

另一名女士则采取了相反的做法。她挑选出了童年记忆中最黑暗的房子。"我遇到麻烦时，总是坐在那个角落里。"她说，"位于厨房那个类似储藏室的屋子旁边。我还记得那里有一种可怕的气味。我常常坐在那里，面对角落，一坐就是很长时间，至少对一个小女孩来说是很长的时间。"

锚点

为什么一个在整个童年时期不断搬家的人也会在众多个家中选

择一个去回访？就像我们的其他受访者一样，频繁搬家的人也经常谈到与过去的联结。也有几个人利用这次旅行来帮助自己解决当前的生活危机或处理童年时的未尽之事。但他们中的大多数人还描述了一种感觉，那就是觉得他们的早年生活中缺少了点什么。他们很小的时候就意识到，自己的生活与同学们很不相同。有些人指出了频繁搬家的好处——可以体验不同的文化、看到更多有趣的地方，并培养结交新朋友的能力。但他们也明白，这些好处是有代价的。以下是他们的原话。

> 街区里的其他孩子知道一些你不知道的事。你也想知道那里的所有历史，了解所有秘密的地方。但过了一段时间你就会知道，即使你再努力去了解也没有用，因为你又要搬家了。
>
> 我听其他人谈论他们的父母仍然住着的房子，这种话听起来感觉总是很好。就好像他们有一个他们认为是自己家的地方。那是一个属于他们和他们的家人的地方。
>
> 尤其是在节日期间，我就特别容易想到这件事。那些圣诞节目让人们聚在圣诞树旁，做他们每年都会做的同样的传统的事情。我记得的每一个圣诞节都是不同的，因为都是在不同的地方过节。这当然也有好处，比如有不同的经历之类的。我过了白色圣诞节、沙漠中的圣诞节。但我也有点羡慕那些每年都做同样事情的人。

当然，我并不清楚我的受访者是否能够代表大多数小时候经常搬家的人。也有可能，童年时经常搬家的人很少有强烈的愿望去参观旧居，所以他们并没有被纳入我的调查范围。但至少这些经常搬家的人中有一些人有过这样的经历。他们告诉我们的故事进一步印证了这个观点，即童年家园在人们的生活中往往扮演着重要的角色，即使他们与这个家联结的时间很短暂。

那么这些频繁搬家的人到底在寻找什么呢？他们中的大多数人都用不同的方式描述了一种需求，一种找到（或者可能是创造）他们从未拥有过的某种东西的需求。他们在寻找一种稳定性、一种永恒的感觉。他们想有一个实体的地方，对他们来说可以代表他们对家的所有想象的地方。一些受访者解释说，他们之所以重返某一个童年家园，部分原因就在于在需要描述自己的成长地时，他们没有一个可以指向的地点。一名女士解释说——

我的童年与其他孩子的童年不同。别人问我是哪里人时我只能告诉他们："你随便说个地方，我可能在那里住过。"但那只是一种掩饰，因为……我感觉自己好像不住在任何地方。直到我的孩子开始问我的时候，这个问题才真正摆在我面前。他们想知道我小时候住过的房子是什么样子，但我不知道该告诉他们什么。我真的很希望那时候我只有一所房子。

另一名女士更直接地表达了这种联系。"我想，我回圣地亚哥的那座房子，就是因为我想假装我有一个可以称之为家的地方。"她说，"如果我有一个那样的地方，我甚至可能不会想到要有这次旅行。也许是因为我小时候一直四处奔波，所以我有种感觉，我需要住在一个永久的地方。有一个根基——如果可以这么说的话。"

整理记忆，对比过去

对频繁搬家的人而言，他们回访童年旧居时的情感反应与其他受访者一样强烈。访谈中，许多人描述了他们发现小细节、重温记忆时的喜悦和兴奋，也有些人谈到了悲伤或愤怒。和其他受访者一样，有人也流下了眼泪。除了一个案例，其他频繁搬家的受访者都表示，这次体验相对而言对自己积极的成分更大。有几个人也希望再次踏上旅程。还有一些人告诉我们，他们正在考虑回访他们童年时的其他居所。显然，对大多数人来说，这次回访是有意义的。但这是为什么呢？

在我们的访谈中，出现这种反应的两个主要原因逐渐浮出水面。首先，这种体验帮助一些受访者填补了记忆空白。许多人都谈到他们对童年记忆模糊。当然，他们和其他人一样，拥有许多童年记忆。但由于他们所记得的事件发生在很多不同的地方，记忆往往显得支离破碎。对一些受访者来说，参访过去的一些处所，某种程度上能让他们觉得自己的童年更加有条理。一名男士将这种体验比作整理文件夹。

你记得所有的事情，但有人问你这些事情是在哪里发生的，你却说不上来。比如，如果我想起我过去认识的一个小孩或者我曾经养过的一只狗，我无法确定这两件事是发生在同一年还是相隔数年。所以当我回到老街区时，我能够整理出一些头绪。就像我为我在明尼苏达州时发生的事情整理了一个文件夹。但在去那里之前，我无法确定某个记忆是否属于那个特定的文件夹。

当然，由于没有走访过他们以前居住过的所有住所，频繁搬家者将所有记忆归到合适类别的能力也受到了限制。很可能存在的情况是，造访你只住过一段时间的住所和回到你住过多年的地方是不同的。这些频繁搬家者可能会回忆不起来童年时某些时间段的记忆。没有看到公园里枝繁叶茂的枫树，你可能就不会记起你从树上摔下来、被紧急送往急诊室的那个时候。另一方面，人类的记忆是嵌入在复杂的认知网络中的。回忆童年时期的某个场景可以帮助我们回忆起其他时期的事件。看到那个你曾在那儿摔断右臂的溜冰场可能会让你想起你从枫树上摔下来的那一刻，即使那棵树离你有一千英里远。

其次，许多小时候经常搬家的人想要把当前的生活状况与过去进行对比。尽管研究发现，小时候经常搬家的人往往会在成年后继续这种模式，但我们的受访者中却没有一个是这样。其中有几个人很快就指出，他们成年后在一个地方住了很长时间。这就像在提醒自己，过去的经历强化了他们作为成年人的一些决定。一些受访者提到，他们绝不会让自己的孩子经历他们所经历的那些干扰。有几个人特别指出，他们认为自己比自己的父母更称职。

那名被母亲要求坐在充满异味的厨房角落的女士在回访旧居时显然就是这么认为的。二十多年后第一次看到那座房子时，她立即在周围街区走了一圈来整理思绪。她本来希望那个地方已经废弃了，这样她就可以进去看看。但显然，那里还住着人，而且她也无法鼓起勇气去敲门。最后，她站在街对面，站了大约三十分钟，至少她认为是站了这么长时间，并重温了房子里发生的一些事情。她解释道：

> 我以为我会生气。我以为我会因为我妈妈抚养我的方式而生她的气。但没有，我只是感到难过。那房子看起来好悲伤，我觉得挺符合事实的。我的童年就很悲伤。我从那里离开时觉得自己有点可怜，但我意识到，把一切都归咎于我妈没有什么好处。在很多方面，她的生活甚至比我的还要悲惨。她婚姻不幸，财务状况一塌糊涂。我记得我当时在那里想，我才应该是那个为她感到难过的人。我今天拥有的一切要比她曾经的生活好得多。

频繁搬家的心理后果

搬家会严重扰乱孩子的世界。大多数情况下，朋友、日常习惯和熟悉的地方所带来的舒适感都会随之消失。孩子面临着认识新朋友、结交新伙伴的挑战，这对许多孩子来说并不容易。他们还必须适应新老师，很可能还要适应新的学习方式。他们可能会错过课堂上其他孩子都已学过的课程，以及其他人已经掌握但自己尚未获得的技能。融入社会可能会变得更加困难。新来的孩子往往会被其他孩子猜疑提防，有时甚至会被残忍对待。

这些经历有什么心理后果呢？乍一看，我们大多数人都会说，频繁搬家对孩子不好。然而，尽管面临种种困难，但我们访问的频繁搬家者中很少会有人完全否定他们的童年经历。许多人指出了频繁搬家带来的一些好处，比如对性格和人际交往能力的锻炼。毫无疑问，这种经历既有优点也有缺点。不过，越来越多的研究人员、顾问和公共卫生工作者认识到，儿童时期频繁搬家与大量心理问题相关。

一组研究人员研究了一项针对大量美国家庭的分层样本[1]数据。他们发现，六至十七岁儿童中，只有四分之一的人从未经历过搬家。因此，大多数孩子都知道成为学校里新来的同学是什么感觉。但搬一两次家与搬很多次还是有很大不同的。在这项研究中，有百分之十的儿童在童年时期经历了六次或六次以上搬家。研究人员在将这些频繁搬家的孩子与很少或从未搬家的孩子进行比较时发现了

---

1 分层样本，一种统计学上的抽样方法，是将总体单位按其属性特征分成若干类型或层，然后在类型或层中随机抽取的样本单位。这种方法可以确保样本的多样性和代表性，从而更准确地反映总体的特征。

几点重要的不同。频繁搬家的孩子更有可能在学校留级。比起不常搬家的孩子，这些孩子表现出了更多的行为和适应问题，包括打架、逃学、不服管教和作弊等。

这些与频繁搬家相关的行为问题，很多都要等到孩子进入动荡的青春期时才会显现。有频繁搬家经历的青少年比其他学生更容易使用毒品和酒精，更容易意外怀孕，也更容易出现情绪问题——尤其是抑郁症发作，而且自杀的风险也更高。

一组研究人员研究了生活在贫困环境中的青少年女孩。他们将女孩分为以下几组：在过去五年内从未搬家的、搬过一次的、搬过两次的、搬过三次及更多次的（其中一名女孩搬了十次家）。不出所料，在这五年间一直住在同一个家里的那一组女孩在心理适应方面的得分最高。只搬过一次家的那组女孩中，研究人员发现了很多问题。而在五年内至少搬了三次家的那组女孩比其他几组女孩的心理适应问题更多。

总之，以上研究几乎可以确定地表明，儿童时期频繁搬家与儿童心理问题有关。但要完全理解两者之间的关系并不像最初看上去那么容易。心理学家面临的挑战是，解释为什么搬家与这一系列心理问题有关。这一领域的研究人员发现，他们很难从相关数据中找出清晰的因果关系。也就是说，频繁搬家的孩子很可能过着不同的生活，面临着比留在同一个家庭中的孩子更多的压力源。频繁更换住所的孩子父母双方或其中一人更有可能经常不在孩子身边。事实上，搬家往往是父母分居或离婚的结果。这也意味着，孩子在搬家前可能就生活在一个父母忙碌的、不快乐的家庭中。此外，与其他孩子相比，频繁搬家的孩子更有可能生活在贫困中，并且是早婚早孕的产物。简而言之，我们并不清楚频繁搬家的孩子面临更多的心理问题是因为频繁搬家本身，还是因为那些导致他们没有稳定居住条件的其他因素（如贫困或单亲）。

幸运的是，研究人员有办法回答这些问题。在分析数据时，他们可以把是否贫困、是否单亲等变量也考虑在内。当他们消除这些影响时，搬家与儿童心理适应之间的关系就变得清晰了。研究人员一致发现，孩子搬家越频繁，出现学业和适应问题的可能性就越大。一项研究在调整过搬家者和非搬家者之间的其他差异性因素后发现，频繁更换住所的儿童出现多种行为问题的可能性比对照组增加了百分之七十七，在学校留级的可能性增加了百分之三十五。

是什么因素使得孩子们在频繁搬家中更容易出现心理问题呢？心理学家指出了几个原因。首先，孩子的教育显然会受到影响。频繁搬家的孩子也较少参与体育运动和社交等有益的活动。但最重要的原因可能是社会性的。心理学家的研究表明，对每个年龄段的人来说——不论是婴儿还是老人，社交接触都是心理健康的重要组成部分。但深厚的友谊需要时间来培养。如果家庭环境不稳定，频繁搬家的孩子在面临压力时可能就找不到可靠的人来为他们提供支持。

这一发现引发了另一个问题——这些孩子长大后会怎么样？频繁更换住址的童年是否会对孩子产生长期的影响？最近的一项调查

给出了答案。研究人员研究了超过七千名成年人的童年经历和心理健康状况，他们发现了一个清晰的模式：在童年时期频繁搬家的成年人往往比没有这种经历的成年人存在更多的心理适应问题。更有趣的是，研究人员发现频繁搬家的人往往比那些童年时期住所稳定的人更早去世。

不过，这些发现中有一点很值得注意。具有外向性格的受访者——也就是人格类型中俗称的"e人"——并没有因为童年时期频繁搬家而出现任何心理问题或早逝问题。这些问题仅在性格内向的人身上发现。为什么会这样呢？外向型儿童更善于在新环境中结交新朋友。他们在满屋陌生孩子的房间里也会感到自在，知道如何开启谈话，而不会等其他孩子主动接近他们。因此，搬家到新城镇和新学校所带来的扰动对性格外向孩子的影响比对内向孩子的影响要小得多。

自我属地的缺失

在第三章中，我描述了小学生在校期间面临的两个重要需求：建立独立于家庭和父母的个人身份认同，以及培养个人对环境的掌控感。孩子们通常通过探索和操控周遭的物质世界来满足这些需求。他们建造堡垒、树屋和其他可以声称属于自己的空间。这些地方是他们所掌控的，是一个与他们和家人共享的家不同的世界。但是,当孩子们觉得自己只是个过客时,就很难建立这种独立感和掌控感。

我们的受访者中一些频繁搬家的人清楚地意识到了自己童年的这种缺失。一名男士说:"我甚至还没来得及了解这个街区,就到了离开的时候。我们住过的那些地方可能有很多很棒的东西,但我觉得我从未真正了解过。"一名声称自己从未在任何一个童年的家中居住超过十八个月的女士解释说:"我甚至感觉自己好像并不是居住在那里,更像是在参观。当你参观一个城市时,你只能看到最明显的东西,比如旅游区。但当你住在一个地方时,你会以游客无法了解的方式来了解那个地方。你会了解它的所有角落和缝隙。"

探索周边社区,找到那些特别的地方需要时间。当你知道自己很可能在几个月后就会离开时,建造堡垒或树屋的诱惑力也会大大降低。孩子按照自己的想象或需求来塑造自己生活空间的能力也会受到限制。正如我访问的一名女士所解释的——

> 我妈甚至不允许我在卧室墙上钉钉子,比如我想挂幅画或什么东西之类的。我们总是租房住,我父母说我们必须保持房子的原样。总是这样,我一直都明白,住在这个地方只是暂时的。我看到过其他女孩把她们的卧室涂成不同的颜色。有一次我问妈妈我是否可以把我的房间涂成黄色。当然,那根本不可能。

我们很难确定不能建造自己的堡垒或不能装饰自己的房间会产生什么样的后果（如果有后果的话）。当然，许多孩子没有这样的经历依然过得很好。此外，频繁搬家的孩子完全有可能以其他方式培养独立感和掌控感。不过，当这些童年经历被剥夺时，我总是忍不住想，会不会有些东西也一同丢失了。一名参与我有关特殊场所研究的女士是这样说的："要是没有楼梯下的那一小块空间，我的童年就会非常不同。孩子需要属于自己的地方，在那里他们能感到足够安全，可以做任何他们要做的事，想任何他们要想的事。如果我的父母没有像现实中那样让我在我的小小藏身所内度过那么多时光，我想今天的我可能会是一个完全不同的人。"

这可能只是一件小事，但失去控制自己小小世界的机会对那些在小学阶段经常搬家的孩子们来说可能又是一次打击。

第八章

更大的视角

大多数人都觉得梅莉亚童年生活幸福,她接受的是大多数父母都希望自己的孩子能接受的那种正规教育。在学校里,她是每个老师心目中的理想学生。她在一年级就被认定为天赋异禀,并参加了与这个标签相符的各种项目。"上学是我最擅长的事,"她说,"我沉醉其中。我喜欢让我的父母和老师开心。"

但这种学龄早慧自有其代价。"一到暑假,我就会担心有新生转来我们学校,取代我成为尖子生。"她说,"如果我不是尖子生,我就不知道我还能是什么了。"后来,梅莉亚升入了一所私立高中,在那里她成绩依然优异,获得各种学术荣誉。然后她又进入了一所私立文科大学,在那里她感受到了一种"想要获得全班最好成绩的急迫得离谱的压力"。而这个"目标"她经常能够实现。

梅莉亚是受访者中第一个承认自己接受了可以被大多数人称为精英教育的人。"我的老师真的关心我,并致力于让我获得成功。"她说。但离开学校后的生活并不能让她满意,"问题是,我把生命中的十七年都投入了在学校获得优异的成绩上,就为了那个别人许诺的隐然的'成功'彼岸。但当我到达彼岸时,我并没有感到成功。我只感觉不快乐,只感到压力重重,觉得无论我做什么都永远不够。"

多年来,梅莉亚一直无法摆脱这种感觉:她所受的教育辜负了她。终于,在她二十八岁时,她决定对此做点什么。"我本能地知道,学校是我迷失的地方,我被一个不断鼓励我去追求成就、不断挑战自我极限的系统所误导,而这个系统却完全不顾我的健康和幸福。学校从未教过我如何过上幸福、平衡、充实的生活。"

因此,梅莉亚回到了学校,不是去一所新学校读新的课程,相反,她回到了她原来的学校,回到了她的教育观、成就观形成的地方。梅莉亚花了三个月的时间,走访了她早年就读过的每一所学校、每一个年级的教室,从幼儿园到大学。她可不仅仅是在学校周围闲逛、透过教室的窗户往里面看。在管理层和老师的许可下,她回到了以前的教室,尽力与她多年前的经历进行联结。在她以前就读的小学,她每天都去教室里帮助老师,并与学生们互动。在中学,她跟着学生们上课。她的中学历险还包括在女生更衣室换体育课运动服、参加学校舞会。最后,她参观了她的高中和大学母校,并参加了各种课程。这一切的主要目的就是通过成年人的视角来仔细审视她所受的教育,好确定现在的她希望当时的她能早知道什么。这是她称为"再教育"的一年自我发现计划中的一部分。

更大的视角

在研究回访童年旧居的人时特别出乎我意料的一件事是:这种常见的行为竟然完全逃过了心理学家的注意。数百万美国人都有过这样的行为，而且对很多人来说，这种行为在心理上具有非常强大的意义。当然，许多治疗师都听他们的客户谈论过这种旅程，数据也呈现给我们，许多心理学家自己也做过这样的旅行。然而，本书中的研究是目前我所知的唯一关于这个话题的实证研究成果。

心理学研究并不能在真空中进行。我在试图理解人们为什么进行这些旅行以及他们从中获得了什么的过程中，接触到了许多相关的概念和研究课题。对心理学研究者来说，了解相关领域几乎总是能够帮助我们更好地理解我们所关注的行为。在本章中，我将探讨我在这个更大的拼图中所遇到的一些相关概念。其中一个概念就与梅莉亚所经历的那种自我发现过程相关。我还将探讨一些最近的研究，这些研究关注于居住流动性如何以我们大多数人没有意识到的方式影响了我们和我们的世界。最后，我将为这场关于家园依恋的讨论完成一个完整的闭环——从童年住所到老年人对他们称为家的地方的依恋。

作为自我发现一部分的参访

梅莉亚的"再教育"经历引起我的注意是在她联系我想要参加我的一门课程时。那时，她的计划已执行至尾声，她想要旁听一些她作为本科生时上过的课，能由她本科时的教授授课最好。恰巧，那个季度我正在教授一门人格方面的课程，而梅莉亚在大四的时候曾上过我的这门课。课程中的某个时候，我向她提到了我对回访童年旧居的人的研究工作，然后我们进行了一次长谈。尽管她的关注点与我不同，但梅莉亚也发现了回访过去处所的价值。

"物理空间有某种强大的力量。"她说，"记忆和情感都存在于那里。只要你留心，就可以感受到一个地方的能量，可以知道住在那里或在那里上学的人是否快乐。"

通过重返以前的教室，梅莉亚开始明白，她的教育经历如何将她从一个富有创造力的快乐的孩子转变成一个以成绩为导向，将自我价值寄托在评价她的人手中的学生。这些回访之后是数月的反思和写作。最终，梅莉亚发现，她可以放下过去单纯追求成就的欲望，转而追求她长久以来所放弃的创造性兴趣。我们永远无法知道，如果没有亲自回到教室，她是否还能够实现这种转变。但梅莉亚坚信，将自己置身于她的教育观开始形成的地方是至关重要的。以下是她的原话——

我认为，如果没有回到过去经历中的那些地方，我是无法如此成功地为我的人生按下重启键的。我觉得，为了前进，必须回首过往。即使没有亲自回到那些地方，我觉得那些地方也会对我产生情感上的影响，仍然会萦绕在我的潜意识里。我仍然会觉得自己就是那个为了取悦每个人而几乎毁了自己的十岁"超常儿童"。回到起点，我得以将过去的自己放下，得以构想今后想要成为的人，并努力朝着那个目标前进。

梅莉亚的故事证明了一个重要观点——回访旧地可以成为多种自我发现行为中的重要工具。正如我们所见，回到童年旧居往往是一种自我发现行为。但除了小学时期生活的地方，我们生活中还有许多重要的地方。与我交谈过的人中有很多人向我描述了在他们心目中占有特殊地位的其他地点：他们的第一间公寓、度过最美好夏天的地方、祖父母的家、大学、美妙的度假胜地、工作过的地方。和童年故居一样，这些地点中的任何一个都可以被视为一个人自我概念的一部分。除此之外，我们过去生活过的许多地方都是我们生活中重要事件发生的背景，有些令人愉快，有些充满痛苦。

我的一些受访者在谈到他们的童年旧居时也意识到他们可以从回访过去的其他重要地点中获益。有些人将他们的回访与其他特殊地点结合起来。这些额外的地点包括夏令营、亲戚家、度假目的地以及他们曾经住过的其他房子。就像回访童年旧居一样，看到这些地方常常会引发记忆的涌动和情感的爆发，以及偶尔的洞见。

一些正在处理情侣关系问题的受访者发现，回访与伴侣相关的地方对情侣关系很有助益。这些地方包括他们相遇的地方、他们第一次接吻的地方、对方以前住的公寓、他们第一次约会时去的剧院以及他们吵过架的地方等。

一名女士回到位于中西部的小镇，试图回忆起她曾经在丈夫身上看到的东西。她解释说：

> 我内心的一部分一直在怀疑，我当时是否只是一个天真的

女生。我怀疑我爱上这个家伙只是因为他比那些通常会留意我的男孩子们年纪大。也许我只是受宠若惊。也许我嫁给他只是因为我的父母不赞成。一天下午，我花了一个多小时坐在车里，停在他以前工作的大楼外。有一段时间，我常常停在那个位置等他下班。天哪，那真的引发了我的很多回忆。而且你知道吗，我想起了我以前对他是什么感觉，以及那种感觉产生的缘由。我认为我从中了解到的是，我真的爱过他，至少那时候是。当然，这并不意味着我会失去那种爱的感觉。但重要的是，充分了解我当时的感情能够帮我更好地理解那份感情如今变成了什么。

以上案例以及其他一些例子让我不由得想要建议顾问和治疗师们，在接待他们的客户时可以考虑采用某种形式的"地点疗法"。治疗师常常使用各种程序来帮助客户触及他们的感受，包括多年前的事件所带来的感受。我的工作经验告诉我，触及这些情感的一种方法就是置身于与这些记忆相关的视觉和其他感官刺激中。我们归入"未尽之事"组的大多数受访者自己得出了类似的看法。旅行开始时他们许多人正在接受心理顾问的治疗。这并不是说回访过去的某个地方就一定会产生治疗效果。但是，在专业顾问的指导下进行此类旅行，可能会为治疗师提供一个帮助他们客户的有效工具。

居住流动性

搬入新家通常都很不容易。这其中除了寻找新住所、打包、迁徙、搬运物品、开包,以及构建新的生活空间等显而易见的挑战外,还有寻找新医生、结识新邻居、就读新学校、与新同事共事、养成新习惯,以及怀念老朋友等。整个经历可能兴奋和悲伤、恐惧和疲惫相互交杂。

正如上一章所述,人们经历这种体验的频率对他们的心理和身体健康都有影响。但改变住所产生的后果也可能远超个人所面临的挑战和困难。一个相对较新但日益受到关注的研究领域的研究成果表明,我们搬家的频率会影响我们如何看待自己的角度,影响我们社区的性质,甚至影响我们的文化类型。

无归属感与独立自我

我在本书中一直强调,我们经常会将过去的重要处所融入我们的自我意识中。如果真是这样,那么不难想象,那些在童年时期频繁搬家的人与那些很少或从未搬家的人会有截然不同的自我认知。

心理学家有时会从"依赖还是独立"这个视角来看待自我认知。具有依赖型自我认知的人倾向于从他们与家庭和社区的关系这一视角来看待自己。具有独立型自我认知的人则更可能根据他们的个人特征来定义自己。当被问及如何描述自己时,具有依赖型自我认知的女性可能会提到她的家庭、她所属的社会组织以及她在社区中的位置。而具有独立型自我认知的女性则不太可能提到这些。相反,她可能会在描述时更关注自己的技能、个人成就和性格特征。一方将自己视为社群的一部分;另一方则将自己视为一个个体。

心理学家大石茂弘认为,频繁更换居住地的人比长期居住在一个地方的人更容易形成独立的自我认知。例如,一个居住在纽约、南方州或郊区的人只在上述地区短暂居住过,那么他就不太可能将自己视为纽约人、南方人或郊区居民。同样,如果你的人生是由一系列每几年就更换一批的朋友、邻居或雇主组成,你可能也不会根据你与这些群体的关系来描述自己。相反,大石茂弘认为,经常搬家的人会用他们从一个地方带到另一个地方的属性来定义自己。

把自己视为所属社群的成员还是视为独立的个体,这对我们的心理有许多重要影响。其中最主要的一点,就是影响我们对什么使我们快乐的看法。对将身份认同与他人联系在一起的人来说,当感到自己属于某个家庭或社群并能从中得到支持时,他们就会感到快乐。以个体主义思考方式来定义自己的人,则会在认同他们自己的现实表现时感到快乐。前者不需要个人成就来让自我感觉良好,而后者不需要融入更大的组织就能感到快乐。

社区的流动性和稳定性

和个体一样,不同的街区、社区和城镇在居民流动性方面也存在差异。有些街区——比如内华达州拉斯维加斯的许多街区，人们来来往往，川流不息。相比之下，宾夕法尼亚州琼斯镇的居民则很少能看到邻居家门前停着搬家的货车。如果可以选择，大多数人都会偏好更稳定的社区。了解自己的邻居，看着他们家孩子长大，这是许多人理想的生活方式。房地产中介深知这种偏好，他们往往会通过强调某个街区的稳定性来吸引潜在买家。

不出所料，人们与社区的联结度与他们在那里居住的时间长短息息相关。在查尔斯顿或奥马哈居住多年后，那里的居民们就开始把自己视为城市的一部分。在较大的都市区，居民往往会将自己的身份认同与自己居住的那部分城区（如哈莱姆区或诺布山）联系在一起。随着时间的推移，人们开始关心公园和学校的质量，关心市政官员所面临的问题，还有社区未来的发展方向。简而言之，他们开始扎根于此。但这种归属感需要时间来培养，有可能需要很多年。只在一个地方住了一两年的人不太可能将自己视为居住地的一部分。而那些大部分居民都没有特定社区归属感的城市与大多数居民都感觉自己属于那里的城市在许多重要方面都存在差异。

一组研究人员通过研究职业棒球比赛的观众人数展示了稳定社区与流动社区之间的差异。尽管人们观看棒球比赛的原因有很多，但研究人员确定了两个主要动机。有些人观看棒球比赛是因为与球队有着长期的联系。他们视球队为社区的一部分，并希望去支持球员。另一些人则因为娱乐价值而观看比赛——更具体地说，这些人喜欢为成功的球队加油，并享受"他们的"球队的获胜时刻。

通常来说，在球队获胜的赛季，体育赛事的观众人数会增加，而在球队失利的赛季观众人数则会减少。但是，这种支持胜者、避开败者的倾向对每支球队都是一样的吗？请记住，一些球迷观看比赛是因为球队是他们认同的社区的一部分，而不是因为球队的输赢。因此，我们预计在居住稳定的社区中，以球队为中心的球迷会比在流动性强的社区中更多。因此，观众人数与球队在排行榜上的位置之间的关联度可能就会因地而异，而这个变量就是城市的平均居住流动性。

为了验证这个假设，研究人员首先查看了人口普查数据，以确定每个拥有职业球队的美国城市的居住流动性水平。他们发现，各城市之间的流动性水平存在显著差异。匹兹堡（海盗队的主场）每三个居民中就有两个在现在的家中居住超过五年。而在菲尼克斯（响尾蛇队的主场），只有百分之四十二的居民符合这个条件。然后，研究人员查看了每个城市的观众人数波动与城市球队胜负记录之间的关系。他们发现，在像匹兹堡、纽约和费城这样居住稳定的城市中，人们在购买门票时往往不太关心球队的胜负情况。相反，在人口流动性高的城市，如菲尼克斯、亚特兰大和丹佛，球迷们更可能是"墙头草"式的。他们更喜欢在球队表现良好时观看比赛，如果场上表现不够精彩，他们就不会特别支持主队。研究人员在比较日本居住流动性高和居住稳定的城市中棒球观众人数变化的情况时也发现了类似的模式。

居住稳定的社区相对人口流动性高的社区存在多种优势。一般来说，认同自己社区的人会成为更好的公民。人们在一个地方居住的时间越长，参与投票的可能性就越大。居民长期居住在同一个地方的社区犯罪率也更低。这些稳定的居民也更可能支持地方利益，即使这样做会让他们多花钱。一项研究查看了购买"关键栖息地"车牌的明尼苏达州居民的比例。这种车牌的收入被用于保护该州的野生动物自然栖息地。在居住稳定的居民数量更多的地区，这种车牌的销量也要高得多。显然，长期居住在自己家乡的居民更关心他们的当地社区，愿意为这种特殊车牌多支付三十美元。即使在研究人员排除了其他因素的影响，如收入、年龄、教育和政治立场后，这些发现仍然成立。换句话说，在其他条件相同的情况下，一个地方居民居住的平均时间长短可以向我们反映出这个地方是什么样的。

流动性和文化

一八三一年，二十五岁的青年阿历克西·德·托克维尔受法国政府派遣到美国研究美国监狱，他对这个"年轻"的国家进行了广泛的考察。托克维尔将他对美国人民及其新兴文化独特特征的观察写成了两本书，这两本书使他名声大噪，并一直被广泛引用。在美国人与欧洲人之间的众多不同中，托克维尔首先观察到的就是美国人"性格的不稳定性"。托克维尔写道："典型的美国人'一生中会从事、放弃并重新从事数十种行业；（他）不断变换居住地，不断创办新的企业……（他）会精心建造一个能安度晚年的家，但还没等盖好屋顶就把房子卖了'。"

自托克维尔做出这些观察以来的近两个世纪，很多事情都发生了变化。但美国人喜欢在屋顶盖好之前就卖掉房子的倾向依然存在。美国人更换住宅的频率要远高于其他大多数发达国家的公民。我们的搬家频率是英国、德国、瑞典、日本、法国、荷兰、比利时和爱尔兰的两倍。只有新西兰、澳大利亚和加拿大的居民能跟上我们的步伐。

几年前的一次专业会议上，我和一个经常访问美国的德国心理学家进行了交谈。当我问到他认为这两个国家之间有什么差异时，他毫不犹豫地回答，他对他的美国同事搬家的频率感到惊讶。这个心理学家通常每两到三年访问一次美国，在他看来，他每次访问他的美国朋友时，他们都住在新的房子里。这与他自己的经历截然不同。他不仅一辈子都住在一所房子里，而且这所房子也是他父母、祖父母和曾祖父母住过的地方。

如果说居民频繁搬家的社区与由相对固定的居民组成的社区之间存在不同，那么我们在居住流动性高的国家和居住稳定性高的国家之间又会发现哪些差异呢？一些心理学家认为，这种频繁搬家的倾向不仅是美国文化的一个特征，同时也反过来塑造了美国文化。

跨文化研究者常将文化置于个体主义—集体主义的光谱中思考。光谱的一端，是强调个体独特性的文化。在这种文化中长大的孩子被教导要识别出使他们与众不同的特殊才能和特征。生活在个体主义文化中的人往往具有独立的自我意识。他们想要脱颖而出，想成为最好的人。相反，生活在集体主义文化中的人更感兴趣的是成为更大群体（如国家、社区或家庭）的一部分。他们往往具有相互依赖的自我意识。在集体主义文化中长大的孩子会学习如何避免引起注意。他们更喜欢融入集体，在大群体中找到自己的位置。

研究发现，美国人是世界上个人主义最强的人群。也许并非巧合的是，美国人也是世界上居住流动性最强的人群。在几个世纪前的欧洲，居住流动性是很低的，人们从出生到死亡都生活在由同一社区的人们所组成的社会网络中。身份取决于一个人居住的地方和他所赖以生存的社会网络。人们在思考自己是谁时，关注的是自己所属的那些相对持久而稳定的群体。人们的名字也反映了他们与地方之间的联系。每当人们提到《蒙娜丽莎》的作者达·芬奇时，我都会感到很有趣。因为达·芬奇并不是列奥纳多的姓氏，尽管流行小说和电影都这么呈现。事实上，他的名字是列奥纳多，后面的"达·芬奇"则告诉了我们他的家乡。他来自芬奇。

在当今这个高流动性社会中，地方与人之间的联系要微弱得多。由于托克维尔所描述的那种持续流动，美国人和其他生活在流动性文化中的人往往根据无论走到哪里都跟随着他们的个人特征来定义自己。中世纪的欧洲人根据他们的父母是谁以及他们住在哪个城镇来形成他们的自我意识，美国人则更可能根据他们的技能、成就和性格特征来定义自己。

如果文化差异在一定程度上与居住流动性有关，那么另一种有趣的可能性也就出现了。近年来，我们看到世界上许多地区的居住迁移率都在增加。现代化通常意味着居住流动性的增加。过去的一代人可能在一个社区里度过一生，现在的人则在不同的城市（生活在不同国家的情况也日益增多）追求事业和生活机会。这些变化是否会导致显著的文化转变还有待观察。不过，研究发现，来自集体主义文化的移民者在个体主义文化中生活的时间越长，就越倾向于成为个体主义者。一个加拿大研究小组发现，来自集体主义文化盛行的亚洲国家的移民者需要大约三代人的时间才能形成类似本土加拿大人的典型个体主义自我意识。当然，居住流动性只是推动这些文化变化的因素之一，但它可能会成为最强大的因素。

独立生活

虽然每个人的生活都以自己独特的方式展开，但大多数文化都有一套典型的生活进程模板。在我们的文化中，孩子会在青春期结束前与父母同住，然后离家，立业，寻找生活伴侣，建立自己的家庭，并有自己的孩子在青春期与他们同住。成年人会享受作为祖父母甚至曾祖父母的角色，然后退休，并最终搬进为他们这个年龄或健康状况的人设计的康养机构。

除掉这个场景可能存在的许许多多例外，这个模板的问题主要在于，似乎没有人问过老年人他们想要什么。事实上，绝大多数的退休人士并不希望搬离自己的家。而且，在大多数情况下，他们也没有搬离。二〇〇八年，六十五岁及以上的美国人中只有百分之四居住在养老院或辅助康养机构。如今，许多政府部门和私人组织已经成立，以帮助美国老年人在自己的家中"独立生活"。这些机构通过提供交通和对各种日常杂务的协助，让老年公民尽可能长时间地生活在自己的屋檐下。

为什么绝大多数美国老年人更喜欢待在自己的家里呢？为什么他们不搬到一个挑战更少、有专人照顾他们日常需求的地方呢？心理学家已经确定了他们这一偏好产生的几个原因，每个原因都是基于这样的观察：老年人和其他所有年龄段的人一样，都与自己的家有着心理上的联结。

一般来说，随着年龄的增长，人们搬家的频率会降低。接近中年时，人们会更倾向于定居在一个地方，在那里抚养孩子，并成为社区的一分子。为了职业机会而搬家变得不那么重要，对接近退休年龄的人来说，在同一个地方住二三十年也很常见。这种稳定性会产生无数与特定住所相关的记忆。此外，老年人通常比年轻人花更多的时间在室内。因此，与年轻人相比，老年人的自我认知与他们居住的地方之间的联结可能更为紧密。

老年人家中的物品也可能与他们的个人身份认同相关联。退休老人的家里通常摆满了对他们有个人意义的照片，还有来自重要人物的礼物、来自特殊地方的纪念品和对特殊时刻的纪念物。家里不同的地方和不同的家具可能与重要的人和事相关。与已故姐妹一起挑选的窗帘、家人过去常聚餐的餐桌，或者配偶每年夏天都会种蔬菜的后花园。将他们与这些物品和地方分开可能相当于切断他们自我概念的一个重要部分。因此，当搬家不可避免时，能够带到新住所的个人物品越多越好。

待在自己的家里也能让他们感受到一种个人掌控感。就像八岁孩子建造树屋和私人堡垒，以此建立对自己不断扩大的世界的掌控感一样，八十岁的老人也可以通过重新摆放家具和装饰他们的生活空间来对他们不断缩小的世界行使控制权。我最近和一名在萨克拉门托政府机构工作的女性交谈过，她的工作就是帮助老年公民留在自己的家中。她解释道，对这些人来说，仅仅住在他们已经住了很多年的同一所房子里是不够的。更重要的是，他们要对家里发生的一切保持一种控制感，即使他们实际上做不了多少工作。特别是，她认为，护工和卫生保健工作者未被邀请不得入内，这点非常重要。正如第二章所述，在我们的社会中，未经允许，访客不得进入他人家中。我们敲门或按门铃，然后等待被邀请进入。一旦失去决定谁能进入这个家的权力，老年人对这个住所的归属感很可能就会随之消失。

研究人员发现，老年人失去个人控制感与许多心理和身体健康问题息息相关。虽然我们常常有为年长亲属做事的愿望，但研究表明，这可能恰恰不是他们所需要的。在一个经典实验中，一组研究人员改变了养老院中的一层楼员工对待老年人的方式。他们不再强调员工可以为老年人做多少事，而是鼓励住客（在员工的协助下）重新布置家具，制订自己的日常活动计划，甚至挑选和照顾自己的植物。在同一家养老院的另一层楼，员工仍然采用"我们为您做"的方式对待老年人。几周后，两组住客之间的差异就显现出来了。被鼓励掌控自己生活的住客比另一组住客更活跃、更快乐。最重要的是，当研究人员在十八个月后再次回到那家养老院时，他们发现传统楼层的住客中有百分之三十的人在此期间离开了人世。相比之下，被鼓励保持生活控制权的住客的死亡率只有百分之十五。

所以，这就是我们的答案。许多人对自己家的感情始于童年，并贯穿整个生命周期。我们居住的地方成为我们身份认同的一部分，为我们的生活提供背景，为我们的记忆提供容器。然而，我们的记忆和我们与家的联结总是会受到时间的侵蚀。幸运的是，正如我们许多人所发现的那样，通过偶尔的回访，这种联结可以得到加强。

推荐阅读

芭芭拉·邦纳 《圣地：关于家的著述》（Sacred Ground: Writings About Home）	书中收录的故事和文章探讨了家的意义以及我们与家之间的联系。
约翰·爱德华兹 《家：我们生活的蓝图》（Home: The Blueprints of Our Lives）	五十七个背景各异的美国人所描述的他们的童年家园。本书的编者约翰·爱德华兹是前参议员，并曾以副总统候选人身份参与竞选。
莎伦·斯隆·菲弗，史蒂文·菲弗 《家：美国作家记得他们自己的房间》（Home: American Writers Remember Rooms of Their Own）	十八个作家对曾经的家园的回忆。
杰克·哈尔彭 《勇敢回家：来自水下小镇、熔岩边旅馆和其他极端地点的消息》（Braving Home: Dispatches from the Underwater Town, the Lava-Side Inn, and Other Extreme Locales）	美国全国公共广播电台记者杰克·哈尔彭的采访记录，受访者是来自自然条件不适宜居住地区的居民。这些人的故事有一个共同主题：尽管受到洪水、飓风、火山等自然灾害的持续威胁，但他们仍渴望留在自己的家中。
克莱尔·库珀·马库斯 《房子，自我的一面镜子：探索家的深层意义》（House As a Mirror of Self: Exploring the Deeper Meaning of Home）	加州大学伯克利分校建筑学教授克莱尔·库珀·马库斯运用荣格分析方法来研究家的心理学意义。
米奇·皮尔曼 《一个叫家的地方：她们记得》（A Place Called Home: Twenty Writing Women Remember）	女性作家对她们过去家园——通常是童年家园的描述，并探讨家对她们的意义。
玛丽·爱德华兹·沃奇 《军旅小子：要塞内的童年遗产》（Military Brats: Legacies of Childhood inside the Fortress）	作者的父亲是职业军人，她在书中探讨了在军人家庭中成长的一些后果，包括不断迁徙的童年生活所带来的无根感。

Returning Home: Reconnecting with Our Childhoods by Jerry M. Burger
Copyright © 2011 by Rowman & Littlefield Publishers, Inc.
Published by agreement with the Rowman & Littlefield Publishing Group Inc., through the Chinese Connection Agency, a division of Beijing XinGuangCanLan ShuKan Distribution Company Ltd., a.k.a Sino-Star.

© 中南博集天卷文化传媒有限公司。本书版权受法律保护。未经权利人许可，任何人不得以任何方式使用本书包括正文、插图、封面、版式等任何部分内容，违者将受到法律制裁。

著作权合同登记号：字 18-2025-047

图书在版编目（CIP）数据

找回你的内在小孩 /（美）杰里·伯格著；王小亮译. -- 长沙：湖南文艺出版社，2025.6. --ISBN 978-7-5726-2352-3

Ⅰ. B84-49

中国国家版本馆 CIP 数据核字第 2025A315B4 号

上架建议：畅销·心理

ZHAOHUI NI DE NEIZAI XIAOHAI
找回你的内在小孩

著　　者：	［美］杰里·伯格
译　　者：	王小亮
出 版 人：	陈新文
责任编辑：	张子霏
出 品 方：	好读文化
出 品 人：	姚常伟
监　　制：	毛闽峰
策划编辑：	程　斌
特约策划：	张若琳
文案编辑：	高晓菲
营销编辑：	刘　珣　大　焦
封面设计：	末末美书
封面插画：	软熊星球
版式设计：	鸣阅空间
出　　版：	湖南文艺出版社
	（长沙市雨花区东二环一段 508 号　邮编：410014）
网　　址：	www.hnwy.net
印　　刷：	北京美图印务有限公司
经　　销：	新华书店
开　　本：	880 mm×1230 mm　1/32
字　　数：	130 千字
印　　张：	6.5
版　　次：	2025 年 6 月第 1 版
印　　次：	2025 年 6 月第 1 次印刷
书　　号：	ISBN 978-7-5726-2352-3
定　　价：	45.00 元

若有质量问题，请致电质量监督电话：010-59096394
团购电话：010-59320018